Voyage Culinaire en Inde

Découvrez les Saveurs Époustouflantes de la Cuisine Indienne

Isabelle Dubois

Poulet sans huile 17
    ingrédients 17
    Méthode 17
Cari Kozi Varatha 18
    ingrédients 18
    Méthode 19
Ragoût de poulet 20
    ingrédients 20
    Méthode 21
Poulet Himani 22
    ingrédients 22
    Pour la marinade : 22
    Méthode 23
Poulet Blanc 24
    ingrédients 24
    Méthode 25
Poulet Masala Rouge 26
    ingrédients 26
    Méthode 27
Poulet Jhalfrezie 28
    ingrédients 28
    Méthode 29
Curry de poulet simple 30
    ingrédients 30
    Méthode 31
Curry de poulet aigre 32

- ingrédients 32
  - Méthode 33
- Anjeer Poulet sec 34
  - ingrédients 34
  - Pour la marinade : 34
  - Méthode 35
- Yaourt au poulet 36
  - ingrédients 36
  - Méthode 37
- Poulet Frit Épicé 38
  - ingrédients 38
  - Méthode 39
- Suprême de poulet 40
  - ingrédients 40
  - Méthode 41
- Poulet Vindaloo 42
  - ingrédients 42
  - Méthode 43
- Poulet caramélisé 44
  - ingrédients 44
  - Méthode 45
- Poulet aux noix de cajou 46
  - ingrédients 46
  - Méthode 47
- Poulet rapide 48
  - ingrédients 48
  - Méthode 49

- curry de poulet Coorgi 50
  - ingrédients 50
  - Méthode 51
- Poulet poêlé 52
  - ingrédients 52
  - Méthode 53
- Poulet aux épinards 54
  - ingrédients 54
  - Méthode 55
- poulet indien 56
  - ingrédients 56
  - Pour le mélange d'épices : 56
  - Méthode 57
- Kori Gassi 58
  - ingrédients 58
  - Méthode 59
- Poulet Ghezado 60
  - ingrédients 60
  - Méthode 60
- Poulet à la sauce tomate 62
  - ingrédients 62
  - Méthode 63
- Shahenshah Murgh 64
  - ingrédients 64
  - Méthode 65
- Poulet à la Pyaaza 66
  - ingrédients 66

- Méthode 67
- poulet bengali 68
  - ingrédients 68
  - Méthode 68
- Lasooni Murgh 70
  - ingrédients 70
  - Méthode 71
- Poulet caféréal 72
  - ingrédients 72
  - Pour la marinade : 72
  - Méthode 73
- Poulet aux abricots 74
  - ingrédients 74
  - Méthode 75
- Poulet grillé 76
  - ingrédients 76
  - Méthode 77
- Canard rôti au poivre 78
  - ingrédients 78
  - Méthode 79
- Poulet Bhuna 80
  - ingrédients 80
  - Méthode 81
- Poulet au curry avec oeuf 82
  - ingrédients 82
  - Méthode 83
- Poulet Frit Aux Épices 84

- ingrédients 84
- Pour la marinade : 84
- Méthode 85
- Goa Komdi 86
  - ingrédients 86
  - Méthode 87
- Curry de poulet du sud 88
  - ingrédients 88
  - Méthode 89
- Poulet Nizami 90
  - ingrédients 90
  - Pour le mélange d'épices : 90
  - Méthode 91
- Canard de Buffad 92
  - ingrédients 92
  - Méthode 93
- Adraki Murgh 94
  - ingrédients 94
  - Méthode 94
- Bharva Murgh 95
  - ingrédients 95
  - Méthode 96
- Malaïdar Murgh 97
  - ingrédients 97
  - Méthode 98
- Curry de poulet de Bombay 99
  - ingrédients 99

- Méthode 100
- Poulet Durbari 101
  - ingrédients 101
  - Méthode 102
- Alevins de canard 103
  - ingrédients 103
  - Méthode 103
- Poulet à l'ail et à la coriandre 104
  - ingrédients 104
  - Méthode 105
- Canard Masala 106
  - ingrédients 106
  - Méthode 107
- poulet à la moutarde 108
  - ingrédients 108
  - Méthode 109
- Murgh Lassanwallah 110
  - ingrédients 110
  - Méthode 111
- Chettinad de poulet au poivre 112
  - ingrédients 112
  - Méthode 113
- Hachis de poulet aux oeufs 114
  - ingrédients 114
  - Méthode 115
- Poulet sec 116
  - ingrédients 116

Pour la marinade : 116
    Méthode 117
Kele ki Bahji 118
    ingrédients 118
    Méthode 119
Kathal à la noix de coco 120
    ingrédients 120
    Pour l'assaisonnement : 120
    Méthode 121
Tranches d'igname épicées 122
    ingrédients 122
    Méthode 123
Igname Masala 124
    ingrédients 124
    Méthode 124
Betterave Masala 126
    ingrédients 126
    Méthode 127
Germes de soja masala 128
    ingrédients 128
    Méthode 129
Mirch Masala 130
    ingrédients 130
    Méthode 131
tomate kadhi 132
    ingrédients 132
    Méthode 133

Kolhapuri aux légumes 134
    ingrédients 134
        Méthode 135
Undhiyu 136
    ingrédients 136
        Pour les Muthies : 137
        Méthode 137
Curry de kefta à la banane 138
    ingrédients 138
        Pour le cari : 138
        Méthode 139
Courge amère à l'oignon 140
    ingrédients 140
        Méthode 141
Sukha Khatta Chana 142
    ingrédients 142
        Méthode 143
Bharwan Karela 144
    ingrédients 144
        Pour la farce : 144
        Méthode 145
Curry de kefta au chou 146
    ingrédients 146
        Pour la sauce: 146
        Méthode 147
Gojju à l'ananas 148
    ingrédients 148

Pour le mélange d'épices : 148
Méthode 149
Gojju courge amère 150
ingrédients 150
Méthode 151
Baingan Mirchi ka Salan 152
ingrédients 152
Méthode 153
Poulet aux verts 154
ingrédients 154
Méthode 154
Pour la marinade : 155
Poulet Tikka Masala 156
ingrédients 156
Méthode 157
Poulet farci épicé dans une sauce riche 158
ingrédients 158
Méthode 159
Masala au poulet épicé 161
ingrédients 161
Méthode 162
Poulet du Cachemire 163
ingrédients 163
Méthode 164
Poulet au rhum 165
ingrédients 165
Méthode 166

Shahjahani au poulet 167
    ingrédients 167
        Méthode 168
Poulet de Pâques 169
    ingrédients 169
        Méthode 170
Canard épicé aux pommes de terre 171
    ingrédients 171
        Méthode 172
Moilé de canard 173
    ingrédients 173
        Méthode 174
Bharwa Murgh Kaju 175
    ingrédients 175
        Méthode 176
Poulet Masala Yaourt 178
    ingrédients 178
        Méthode 179
Poulet Dhansak 181
    ingrédients 181
        Méthode 182
Chatpata au poulet 184
    ingrédients 184
        Pour la marinade : 185
        Méthode 185
Masala de canard au lait de coco 186
    ingrédients 186

Pour le mélange d'épices : 186
Méthode 187
Poulet Dil Bahar 188
    ingrédients 188
    Méthode 189
Dum ka Murgh 191
    ingrédients 191
    Méthode 192
Murgh Kheema Masala 193
    ingrédients 193
    Méthode 194
Poulet Farci Nawabi 195
    ingrédients 195
    Pour la farce : 195
    Méthode 196
Murgh ke Nazaré 198
    ingrédients 198
    Pour la sauce: 199
    Méthode 200
Murgh Pasanda 201
    ingrédients 201
    Méthode 202
Murgh Massala 203
    ingrédients 203
    Pour le mélange d'épices : 203
    Méthode 204
Bohri au poulet crémeux 205

ingrédients 205

Méthode 206

Jhatpat Murgh 207

ingrédients 207

Méthode 207

Cari vert de poulet 208

ingrédients 208

Méthode 209

Murgh Bharta 210

ingrédients 210

Méthode 210

Poulet aux graines d'Ajowan 212

ingrédients 212

Méthode 213

Tikka de poulet aux épinards 214

ingrédients 214

Pour la marinade : 214

Méthode 215

Poulet Yakhni 216

ingrédients 216

Méthode 217

Poulet au piment 218

ingrédients 218

Méthode 218

Poulet au poivre 220

ingrédients 220

Méthode 221

Poulet aux figues 222
   ingrédients 222
   Méthode 222

Poulet sans huile

Pour 4 personnes

ingrédients

400 g de yaourt

1 cuillère à café de piment en poudre

1 cuillère à café de pâte de gingembre

1 cuillère à café de pâte d'ail

2 piments verts, hachés finement

50 g de feuilles de coriandre moulues

1 cuillère à café de garam masala

Sel au goût

750 g 10 oz de poulet désossé, coupé en 8 morceaux

Méthode

- Mélanger tous les ingrédients, sauf le poulet. Faire mariner le poulet dans ce mélange pendant une nuit.

- Cuire le poulet mariné dans une casserole à feu moyen pendant 40 minutes en remuant fréquemment. Servir chaud.

Cari Kozi Varatha

(Curry de poulet Kairali du Kerala)

Pour 4 personnes

ingrédients

60 ml / 2 fl oz d'huile végétale raffinée

7,5 cm de racine de gingembre finement hachée

15 gousses d'ail, finement hachées

8 échalotes, tranchées

3 piments verts, coupés dans le sens de la longueur

1 kg de poulet coupé en 12 morceaux

¾ cuillère à café de curcuma

Sel au goût

2 cuillères à soupe de coriandre moulue

1 cuillère à soupe de garam masala

½ cuillère à café de graines de cumin

750 ml / 1¼ pinte de lait de coco

5-6 feuilles de curry

Méthode

- Chauffer l'huile dans une casserole. Ajouter le gingembre et l'ail. Frire à feu moyen pendant 30 secondes.

- Ajouter l'échalote et le poivron vert. Faire sauter pendant une minute.

- Ajouter le poulet, le curcuma, le sel, la coriandre moulue, le garam masala et les graines de cumin. Bien mélanger. Couvrir avec un couvercle et laisser mijoter pendant 20 minutes. Ajouter le lait de coco. Faire bouillir pendant 20 minutes.

- Garnir de feuilles de curry et servir chaud.

Ragoût de poulet

Pour 4 personnes

ingrédients

1 cuillère à soupe d'huile végétale raffinée

2 clous de girofle

2,5 cm de cannelle

6 grains de poivre noir

3 feuilles de laurier

2 gros oignons, coupés en 8 morceaux

1 cuillère à café de pâte de gingembre

1 cuillère à café de pâte d'ail

8 cuisses de poulet

Mélange de légumes surgelés 200 g

250 ml / 8 fl oz d'eau

Sel au goût

2 cuillères à café de farine blanche, dissoute dans 360 ml de lait

Méthode

- Chauffer l'huile dans une casserole. Ajouter les clous de girofle, la cannelle, les grains de poivre et les feuilles de laurier. Laissez-les crépiter pendant 30 secondes.

- Ajouter les oignons, la pâte de gingembre et la pâte d'ail. Frire pendant 2 minutes.

- Ajouter le reste des ingrédients, sauf le mélange de farine. Couvrir avec un couvercle et laisser mijoter 30 minutes. Ajouter le mélange de farine. Bien mélanger.

- Laisser mijoter 10 minutes en remuant souvent. Servir chaud.

Poulet Himani

(Poulet Cardamome)

Pour 4 personnes

ingrédients

1 kg de poulet coupé en 10 morceaux

3 cuillères à soupe d'huile végétale raffinée

¼ cuillère à café de cardamome verte moulue

Sel au goût

Pour la marinade :

1 cuillère à café de pâte de gingembre

1 cuillère à café de pâte d'ail

200 g de yaourt

2 cuillères à soupe de feuilles de menthe, moulues

Méthode

- Mélanger tous les ingrédients de la marinade ensemble. Faire mariner le poulet dans ce mélange pendant 4 heures.

- Chauffer l'huile dans une casserole. Ajouter le poulet mariné et laisser mijoter 10 minutes. Ajouter la cardamome et le sel. Bien mélanger et cuire 30 minutes en remuant souvent. Servir chaud.

Poulet Blanc

Pour 4 personnes

ingrédients

750 g / 1 lb 10 oz de poulet désossé, haché

1 cuillère à café de pâte de gingembre

1 cuillère à café de pâte d'ail

1 cuillère à soupe de beurre clarifié

2 clous de girofle

2,5 cm de cannelle

8 grains de poivre noir

2 feuilles de laurier

Sel au goût

250 ml / 8 fl oz d'eau

30 g de noix de cajou moulues

10-12 amandes, moulues

1 cuillère à soupe de crème liquide

Méthode

- Faire mariner le poulet dans la pâte de gingembre et d'ail pendant 30 minutes.

- Faites chauffer le ghee dans une casserole. Ajouter les clous de girofle, la cannelle, les grains de poivre, les feuilles de laurier et le sel. Laissez-les crépiter pendant 15 secondes.

- Ajouter le poulet mariné et l'eau. Faire bouillir pendant 30 minutes. Ajouter les noix de cajou, les amandes et la crème. Cuire 5 minutes et servir chaud.

Poulet Masala Rouge

Pour 4 personnes

ingrédients

3 cuillères à soupe d'huile végétale raffinée

2 gros oignons, finement tranchés

1 cuillère à soupe de graines de pavot

5 piments rouges séchés

50 g de noix de coco fraîche râpée

2,5 cm de cannelle

2 cuillères à café de pâte de tamarin

6 gousses d'ail

500 g de poulet haché

2 tomates, finement tranchées

1 cuillère à soupe de coriandre moulue

1 cuillère à café de cumin moulu

500 ml / 16 fl oz d'eau

Sel au goût

Méthode

- Chauffer l'huile dans une casserole. Faire revenir les oignons à feu moyen jusqu'à ce qu'ils soient dorés. Ajouter les graines de pavot, les piments, la noix de coco et la cannelle. Frire pendant 3 minutes.

- Ajouter la pâte de tamarin et l'ail. Bien mélanger et réduire en pâte.

- Mélanger cette pâte avec tous les ingrédients restants. Cuire le mélange dans une casserole à feu doux pendant 40 minutes. Servir chaud.

Poulet Jhalfrezie

(Poulet à la sauce tomate épaisse)

Pour 4 personnes

ingrédients

3 cuillères à soupe d'huile végétale raffinée

3 gros oignons, hachés finement

2,5 cm de gingembre racine, finement tranché

1 cuillère à café de pâte d'ail

1 kg de poulet coupé en 8 morceaux

½ cuillère à café de curcuma

3 cuillères à café de coriandre moulue

1 cuillère à café de cumin moulu

4 tomates, blanchies et réduites en purée

Sel au goût

Méthode

- Chauffer l'huile dans une casserole. Ajouter les oignons, le gingembre et la pâte d'ail. Faire revenir à feu moyen jusqu'à ce que les oignons soient dorés.

- Ajouter le poulet, le curcuma, la coriandre moulue et le cumin moulu. Frire pendant 5 minutes.

- Ajouter la purée de tomates et le sel. Bien mélanger et laisser mijoter 40 minutes en remuant de temps en temps. Servir chaud.

Curry de poulet simple

Pour 4 personnes

ingrédients

2 cuillères à soupe d'huile végétale raffinée

2 gros oignons, tranchés

½ cuillère à café de curcuma

1 cuillère à café de pâte de gingembre

1 cuillère à café de pâte d'ail

6 piments verts, tranchés

750 g de poulet de 10 oz, coupé en 8 morceaux

125 g de yaourt

125g Khoya*

Sel au goût

50 g de feuilles de coriandre finement hachées

Méthode

- Chauffer l'huile dans une casserole. Ajouter les oignons. Frire jusqu'à ce qu'ils deviennent transparents.

- Ajouter le curcuma, la pâte de gingembre, la pâte d'ail et les piments verts. Faire revenir à feu moyen pendant 2 minutes. Ajouter le poulet et faire revenir 5 minutes.

- Ajouter le yaourt, le khoya et le sel. Bien mélanger. Couvrir avec un couvercle et laisser mijoter 30 minutes en remuant de temps en temps.

- Garnir avec les feuilles de coriandre. Servir chaud.

Curry de poulet aigre

Pour 4 personnes

ingrédients

1 kg de poulet coupé en 8 morceaux

Sel au goût

½ cuillère à café de curcuma

4 cuillères à soupe d'huile végétale raffinée

3 oignons, hachés finement

8 feuilles de cari

3 tomates, hachées finement

1 cuillère à café de pâte de gingembre

1 cuillère à café de pâte d'ail

1 cuillère à soupe de coriandre moulue

1 cuillère à café de garam masala

1 cuillère à soupe de pâte de tamarin

½ cuillère à soupe de poivre noir moulu

250 ml / 8 fl oz d'eau

Méthode

- Faire mariner les morceaux de poulet dans le sel et le curcuma pendant 30 minutes.

- Chauffer l'huile dans une casserole. Ajouter les oignons et les feuilles de curry. Faire revenir à feu doux jusqu'à ce que les oignons soient translucides.

- Ajouter tous les ingrédients restants et le poulet mariné. Bien mélanger, couvrir avec un couvercle et laisser mijoter pendant 40 minutes. Servir chaud.

Anjeer Poulet sec

(Poulet séché aux figues)

Pour 4 personnes

ingrédients

750 g de poulet de 10 oz, coupé en 12 morceaux

4 cuillères à soupe de beurre clarifié

2 gros oignons, hachés finement

250 ml / 8 fl oz d'eau

Sel au goût

Pour la marinade :

10 figues sèches, trempées pendant 1 heure

1 cuillère à café de pâte de gingembre

1 cuillère à café de pâte d'ail

200 g de yaourt

1½ cuillère à café de garam masala

2 cuillères à soupe de crème liquide

Méthode

- Mélanger tous les ingrédients de la marinade ensemble. Faire mariner le poulet dans ce mélange pendant une heure.

- Faites chauffer le ghee dans une casserole. Faire revenir les oignons à feu moyen jusqu'à ce qu'ils soient dorés.

- Ajouter le poulet mariné, l'eau et le sel. Bien mélanger, couvrir avec un couvercle et laisser mijoter pendant 40 minutes. Servir chaud.

Yaourt au poulet

Pour 4 personnes

ingrédients

30 g de feuilles de menthe finement hachées

30 g de feuilles de coriandre hachées

2 cuillères à café de pâte de gingembre

2 cuillères à café de pâte d'ail

400 g de yaourt

200 g de purée de tomates

Jus de 1 citron

1 kg de poulet coupé en 12 morceaux

2 cuillères à soupe d'huile végétale raffinée

4 gros oignons, hachés finement

Sel au goût

Méthode

- Broyez les feuilles de menthe et les feuilles de coriandre en une pâte fine. Mélangez cela avec la pâte de gingembre, la pâte d'ail, le yaourt, la purée de tomates et le jus de citron. Faire mariner le poulet dans ce mélange pendant 3 heures.

- Chauffer l'huile dans une casserole. Faire revenir les oignons à feu moyen jusqu'à ce qu'ils soient dorés.

- Ajouter le poulet mariné. Couvrir avec un couvercle et laisser mijoter pendant 40 minutes en remuant de temps en temps. Servir chaud.

Poulet Frit Épicé

Pour 4 personnes

ingrédients

1 cuillère à café de pâte de gingembre

2 cuillères à café de pâte d'ail

2 piments verts, hachés finement

1 cuillère à café de piment en poudre

1 cuillère à café de garam masala

2 cuillères à café de jus de citron

½ cuillère à café de curcuma

Sel au goût

1 kg de poulet coupé en 8 morceaux

Huile végétale raffinée pour la friture

Chapelure, pour enrober

Méthode

- Mélangez la pâte de gingembre, la pâte d'ail, les piments verts, la poudre de piment, le garam masala, le jus de citron, le curcuma et le sel. Faire mariner le poulet dans ce mélange pendant 3 heures.

- Faire chauffer l'huile dans une poêle antiadhésive. Enrober chaque morceau de poulet mariné de chapelure et faire frire à feu moyen jusqu'à ce qu'il soit doré.

- Égoutter sur du papier absorbant et servir chaud.

Suprême de poulet

Pour 4 personnes

ingrédients

1 cuillère à café de pâte de gingembre

1 cuillère à café de pâte d'ail

1 kg de poulet coupé en 8 morceaux

200 g de yaourt

Sel au goût

250 ml / 8 fl oz d'eau

2 cuillères à soupe d'huile végétale raffinée

2 gros oignons, tranchés

4 piments rouges

5 cm de cannelle

2 gousses de cardamome noire

4 clous de girofle

1 cuillère à soupe de chana dhal*, rôti à sec

Méthode

- Mélanger la pâte de gingembre et la pâte d'ail ensemble. Faire mariner le poulet dans ce mélange pendant 30 minutes. Ajouter le yaourt, le sel et l'eau. Mettre à part.

- Chauffer l'huile dans une casserole. Ajouter les oignons, les piments, la cannelle, la cardamome, les clous de girofle et le chana dhal. Faire revenir 3-4 minutes à feu doux.

- Broyer en pâte et ajouter au mélange de poulet. Bien mélanger.

- Laisser mijoter 30 minutes. Servir chaud.

Poulet Vindaloo

(Curry De Poulet Goan Épicé)

Pour 4 personnes

ingrédients

60 ml de vinaigre de malt

1 cuillère à soupe de graines de cumin

1 cuillère à café de grains de poivre

6 piments rouges

1 cuillère à café de curcuma

Sel au goût

4 cuillères à soupe d'huile végétale raffinée

3 gros oignons, hachés finement

1 kg de poulet coupé en 8 morceaux

Méthode

- Broyer le vinaigre avec les graines de cumin, les grains de poivre, les piments, le curcuma et le sel en une pâte lisse. Mettre à part.

- Chauffer l'huile dans une casserole. Ajouter les oignons et faire revenir jusqu'à ce qu'ils soient translucides. Ajouter la pâte de graines de cumin et le vinaigre. Bien mélanger et faire revenir pendant 4-5 minutes.

- Ajouter le poulet et laisser mijoter 30 minutes. Servir chaud.

Poulet caramélisé

Pour 4 personnes

ingrédients

200 g de yaourt

1 cuillère à café de pâte de gingembre

1 cuillère à café de pâte d'ail

2 cuillères à soupe de coriandre moulue

1 cuillère à café de cumin moulu

1½ cuillère à café de garam masala

Sel au goût

1 kg de poulet coupé en 8 morceaux

3 cuillères à soupe d'huile végétale raffinée

2 cuillères à café de sucre

3 clous de girofle

2,5 cm de cannelle

6 grains de poivre noir

Méthode

- Mélangez le yaourt, la pâte de gingembre, la pâte d'ail, la coriandre moulue, le cumin moulu, le garam masala et le sel. Faire mariner le poulet dans ce mélange pendant une nuit.

- Chauffer l'huile dans une casserole. Ajouter le sucre, les clous de girofle, la cannelle et les grains de poivre. Frire pendant une minute. Ajouter le poulet mariné et laisser mijoter 40 minutes. Servir chaud.

Poulet aux noix de cajou

Pour 4 personnes

ingrédients

1 kg de poulet coupé en 12 morceaux

Sel au goût

1 cuillère à café de pâte de gingembre

1 cuillère à café de pâte d'ail

4 cuillères à soupe d'huile végétale raffinée

4 gros oignons, tranchés

15 noix de cajou, moulues en pâte

6 piments rouges, trempés 15 minutes

2 cuillères à café de cumin moulu

60 ml de ketchup

500 ml / 16 fl oz d'eau

Méthode

- Faire mariner le poulet dans la pâte sel et gingembre-ail pendant 1 heure.

- Chauffer l'huile dans une casserole. Faire revenir les oignons à feu moyen jusqu'à ce qu'ils soient dorés.

- Ajouter les noix de cajou, les piments, le cumin et le ketchup. Cuire pendant 5 minutes.

- Ajouter le poulet et l'eau. Laisser mijoter 40 minutes et servir chaud.

Poulet rapide

Pour 4 personnes

ingrédients

4 cuillères à soupe d'huile végétale raffinée

6 piments rouges

6 grains de poivre noir

1 cuillère à café de graines de coriandre

1 cuillère à café de graines de cumin

2,5 cm de cannelle

4 clous de girofle

1 cuillère à café de curcuma

8 gousses d'ail

1 cuillère à café de pâte de tamarin

4 oignons de taille moyenne, finement tranchés

2 grosses tomates, hachées finement

1 kg de poulet coupé en 12 morceaux

250 ml / 8 fl oz d'eau

Sel au goût

Méthode

- Faites chauffer une demi-cuillère à soupe d'huile dans une casserole. Ajouter les piments rouges, les grains de poivre, les graines de coriandre, les graines de cumin, la cannelle et les clous de girofle. Faites-les revenir à feu moyen pendant 2-3 minutes.
- Ajouter le curcuma, l'ail et la pâte de tamarin. Broyer le mélange en une pâte lisse. Mettre à part.
- Faire chauffer le reste d'huile dans une casserole. Ajouter les oignons et les faire revenir à feu moyen jusqu'à ce qu'ils soient dorés. Ajouter les tomates et faire revenir 3-4 minutes.
- Ajouter le poulet et faire sauter pendant 4-5 minutes.
- Ajouter l'eau et le sel. Bien mélanger et couvrir avec un couvercle. Laisser mijoter 40 minutes en remuant de temps en temps.
- Servir chaud.

curry de poulet Coorgi

Pour 4 personnes

ingrédients

1 kg de poulet coupé en 12 morceaux

Sel au goût

1 cuillère à café de curcuma

50 g de noix de coco râpée

3 cuillères à soupe d'huile végétale raffinée

1 cuillère à café de pâte d'ail

2 gros oignons, finement tranchés

1 cuillère à café de cumin moulu

1 cuillère à café de coriandre moulue

360 ml / 12 fl oz d'eau

Méthode

- Faire mariner le poulet dans le sel et le curcuma pendant une heure. Mettre à part.
- Broyer la noix de coco avec suffisamment d'eau pour former une pâte lisse.
- Chauffer l'huile dans une casserole. Ajouter la pâte de noix de coco avec la pâte d'ail, les oignons, le cumin moulu et la coriandre. Laisser mijoter 4-5 minutes.
- Ajouter le poulet mariné. Bien mélanger et faire revenir pendant 4-5 minutes. Ajouter l'eau, couvrir avec un couvercle et laisser mijoter pendant 40 minutes. Servir chaud.

Poulet poêlé

Pour 4 personnes

ingrédients

4 cuillères à soupe d'huile végétale raffinée

1 cuillère à café de pâte de gingembre

1 cuillère à café de pâte d'ail

2 gros oignons, hachés finement

1 cuillère à café de garam masala

1 1/2 cuillères à soupe de noix de cajou, moulues

1 1/2 cuillères à soupe de graines de melon*, Terre

1 cuillère à café de coriandre moulue

500g / 1lb 2oz de poulet désossé

200 g de purée de tomates

2 cubes de bouillon de poulet

250 ml / 8 fl oz d'eau

Sel au goût

Méthode

- Chauffer l'huile dans une casserole. Ajouter la pâte de gingembre, la pâte d'ail, les oignons et le garam masala. Faire revenir 2-3 minutes à feu doux. Ajouter les noix de cajou, les graines de melon et la coriandre moulue. Frire pendant 2 minutes.
- Ajouter le poulet et faire revenir 5 minutes. Ajouter la purée de tomates, les cubes de bouillon, l'eau et le sel. Couvrir et cuire 40 minutes. Servir chaud.

Poulet aux épinards

Pour 4 personnes

ingrédients

3 cuillères à soupe d'huile végétale raffinée

6 clous de girofle

5 cm de cannelle

2 feuilles de laurier

2 gros oignons, hachés finement

12 gousses d'ail, finement hachées

400 g d'épinards hachés grossièrement

200 g de yaourt

250 ml / 8 fl oz d'eau

750 g de poulet de 10 oz, coupé en 8 morceaux

Sel au goût

Méthode

- Faire chauffer 2 cuillères à soupe d'huile dans une casserole. Ajouter les clous de girofle, la cannelle et les feuilles de laurier. Laissez-les crépiter pendant 15 secondes.
- Ajouter les oignons et les faire revenir à feu moyen jusqu'à ce qu'ils soient translucides.
- Ajouter l'ail et les épinards. Bien mélanger. Cuire 5-6 minutes. Refroidir et moudre avec suffisamment d'eau pour obtenir une pâte lisse.
- Faire chauffer le reste d'huile dans une casserole. Ajouter la pâte d'épinards et faire revenir pendant 3-4 minutes. Ajouter le yaourt et l'eau. Cuire 5-6 minutes. Ajouter le poulet et le sel. Laisser mijoter pendant 40 minutes. Servir chaud.

poulet indien

Pour 4 personnes

ingrédients

4-5 cuillères à soupe d'huile végétale raffinée

4 gros oignons, hachés

1 kg de poulet coupé en 10 morceaux

Sel au goût

500 ml / 16 fl oz d'eau

Pour le mélange d'épices :

2,5 cm de racine de gingembre

10 gousses d'ail

1 cuillère à soupe de garam masala

2 cuillères à café de graines de fenouil

1 ½ cuillère à soupe de graines de coriandre

60ml d'eau

Méthode

- Moudre les ingrédients du mélange d'épices en une pâte lisse. Mettre à part.
- Chauffer l'huile dans une casserole. Faire revenir les oignons à feu moyen jusqu'à ce qu'ils soient dorés.
- Ajouter la pâte de mélange d'épices, le poulet et le sel. Frire pendant 5-6 minutes. Ajouter l'eau. Couvrir et cuire 40 minutes. Servir chaud.

Kori Gassi

(Poulet Mangaloréen au Curry)

Pour 4 personnes

ingrédients

4 cuillères à soupe d'huile végétale raffinée

6 piments rouges entiers

1 cuillère à café de grains de poivre noir

4 cuillères à café de graines de coriandre

2 cuillères à café de graines de cumin

150 g de noix de coco fraîche râpée

8 gousses d'ail

500 ml / 16 fl oz d'eau

3 gros oignons, hachés finement

1 cuillère à café de curcuma

1 kg de poulet coupé en 8 morceaux

2 cuillères à café de pâte de tamarin

Sel au goût

Méthode

- Faire chauffer 1 cuillère à café d'huile dans une casserole. Ajouter les piments, les grains de poivre, les graines de coriandre et les graines de cumin. Laissez-les crépiter pendant 15 secondes.
- Broyer ce mélange en une pâte avec la noix de coco, l'ail et la moitié de l'eau.
- Faire chauffer le reste d'huile dans une casserole. Ajouter les oignons, le curcuma et la pâte de noix de coco. Frire à feu moyen pendant 5-6 minutes.
- Ajouter le poulet, la pâte de tamarin, le sel et l'eau restante. Bien mélanger. Couvrir avec un couvercle et cuire 40 minutes. Servir chaud.

Poulet Ghezado

(Poulet Goa)

Pour 4 personnes

ingrédients

3 cuillères à soupe d'huile végétale raffinée

2 gros oignons, hachés finement

1 cuillère à café de pâte de gingembre

1 cuillère à café de pâte d'ail

2 tomates, hachées finement

1 kg de poulet coupé en 8 morceaux

1 cuillère à soupe de coriandre moulue

2 cuillères à soupe de garam masala

Sel au goût

250 ml / 8 fl oz d'eau

Méthode

- Chauffer l'huile dans une casserole. Ajouter les oignons, la pâte de gingembre et la pâte d'ail. Frire pendant 2 minutes. Ajouter les tomates et le poulet. Frire pendant 5 minutes.

- Ajouter tous les autres ingrédients. Laisser mijoter 40 minutes et servir chaud.

Poulet à la sauce tomate

Pour 4 personnes

ingrédients

1 cuillère à soupe de beurre clarifié

2,5 cm de racine de gingembre finement haché

10 gousses d'ail, finement hachées

2 gros oignons, hachés finement

4 piments rouges

1 cuillère à café de garam masala

1 cuillère à café de curcuma

800 g de purée de tomates

1 kg de poulet coupé en 8 morceaux

Sel au goût

200 g de yaourt

Méthode

- Faites chauffer le ghee dans une casserole. Ajouter le gingembre, l'ail, les oignons, les piments rouges, le garam masala et le curcuma. Frire à feu moyen pendant 3 minutes.
- Ajouter la purée de tomates et faire revenir 4 minutes à feu doux.
- Ajouter le poulet, le sel et le yaourt. Bien mélanger.
- Couvrir et laisser mijoter 40 minutes en remuant de temps en temps. Servir chaud.

Shahenshah Murgh

(Poulet cuit dans une sauce spéciale)

Pour 4 personnes

ingrédients

250 g de cacahuètes trempées 4 heures

60 g de raisins secs

4 piments verts, coupés dans le sens de la longueur

1 cuillère à soupe de graines de cumin

4 cuillères à soupe de beurre clarifié

1 cuillère à soupe de cannelle moulue

3 gros oignons, hachés finement

1 kg de poulet coupé en 12 morceaux

Sel au goût

Méthode

- Égouttez les cacahuètes et broyez-les avec les raisins secs, les piments verts, les graines de cumin et suffisamment d'eau pour former une pâte lisse. Mettre à part.
- Faites chauffer le ghee dans une casserole. Ajouter la cannelle moulue. Laissez-le crépiter pendant 30 secondes.
- Ajouter les oignons et la pâte d'arachides et de raisins secs moulus. Frire pendant 2-3 minutes.
- Ajouter le poulet et le sel. Bien mélanger. Laisser mijoter 40 minutes en remuant de temps en temps. Servir chaud.

Poulet à la Pyaaza

(Poulet aux oignons)

Pour 4 personnes

ingrédients

4 cuillères à soupe de ghee plus extra pour la friture

4 clous de girofle

½ cuillère à café de graines de fenouil

1 cuillère à café de coriandre moulue

1 cuillère à café de poivre noir moulu

2,5 cm de racine de gingembre finement haché

8 gousses d'ail, hachées finement

4 gros oignons, tranchés

1 kg de poulet coupé en 12 morceaux

½ cuillère à café de curcuma

4 tomates, hachées finement

Sel au goût

Méthode

- Faites chauffer 4 cuillères à soupe de ghee dans une casserole. Ajouter les clous de girofle, les graines de fenouil, la coriandre moulue et le poivre. Laissez-les crépiter pendant 15 secondes.
- Ajouter le gingembre, l'ail et les oignons. Frire à feu moyen pendant 1-2 minutes.
- Ajouter le poulet, le curcuma, les tomates et le sel. Bien mélanger. Laisser mijoter 30 minutes en remuant souvent. Servir chaud.

poulet bengali

Pour 4 personnes

ingrédients

300 g de yaourt

1 cuillère à café de pâte de gingembre

1 cuillère à café de pâte d'ail

3 gros oignons, 1 râpé plus 2 finement hachés

1 cuillère à café de curcuma

2 cuillères à café de piment en poudre

Sel au goût

1 kg de poulet coupé en 12 morceaux

4 cuillères à soupe d'huile de moutarde

500 ml / 16 fl oz d'eau

Méthode

- Mélanger le yaourt, la pâte de gingembre, la pâte d'ail, l'oignon, le curcuma, la poudre de chili et le sel. Faire mariner le poulet dans ce mélange pendant 30 minutes.
- Chauffer l'huile dans une casserole. Ajouter les oignons hachés et faire revenir jusqu'à ce qu'ils soient dorés.

- Ajouter le poulet mariné, l'eau et le sel. Bien mélanger. Couvrir avec un couvercle et cuire 40 minutes. Servir chaud.

Lasooni Murgh

(Poulet cuit à l'ail)

Pour 4 personnes

ingrédients

200 g de yaourt

2 cuillères à soupe de pâte d'ail

1 cuillère à café de garam masala

2 cuillères à soupe de jus de citron

1 cuillère à café de poivre noir moulu

5 fils de safran

Sel au goût

750 g 10 oz de poulet désossé, coupé en 8 morceaux

2 cuillères à soupe d'huile végétale raffinée

60 ml de crème double

Méthode

- Mélangez le yaourt, la pâte d'ail, le garam masala, le jus de citron, le poivre, le safran, le sel et le poulet. Mettez le mélange au réfrigérateur pendant une nuit.
- Chauffer l'huile dans une casserole. Ajouter le mélange de poulet, couvrir avec un couvercle et laisser mijoter pendant 40 minutes en remuant de temps en temps.
- Ajouter la crème et mélanger pendant une minute. Servir chaud.

Poulet caféréal

(Poulet de Goa en sauce à la coriandre)

Pour 4 personnes

ingrédients

1 kg de poulet coupé en 8 morceaux

5 cuillères à soupe d'huile végétale raffinée

250 ml / 8 fl oz d'eau

Sel au goût

4 citrons, coupés en quartiers

Pour la marinade :

50 g de feuilles de coriandre hachées

2,5 cm de racine de gingembre

10 gousses d'ail

120 ml de vinaigre de malt

1 cuillère à soupe de garam masala

Méthode

- Mélanger tous les ingrédients de la marinade ensemble et moudre avec suffisamment d'eau pour former une pâte lisse. Faire mariner le poulet dans ce mélange pendant une heure.
- Chauffer l'huile dans une casserole. Ajouter le poulet mariné et faire revenir à feu moyen pendant 5 minutes. Ajouter l'eau et le sel. Couvrir avec un couvercle et laisser mijoter pendant 40 minutes en remuant de temps en temps. Servir chaud avec des citrons.

Poulet aux abricots

Pour 4 personnes

ingrédients

4 cuillères à soupe d'huile végétale raffinée

3 gros oignons, finement tranchés

1 cuillère à café de pâte de gingembre

1 cuillère à café de pâte d'ail

1 kg de poulet coupé en 8 morceaux

1 cuillère à café de piment en poudre

1 cuillère à café de curcuma

2 cuillères à café de cumin moulu

2 cuillères à soupe de sucre

300 g d'abricots secs, laisser tremper 10 minutes

60ml d'eau

1 cuillère à soupe de vinaigre de malt

Sel au goût

Méthode

- Chauffer l'huile dans une casserole. Ajouter les oignons, la pâte de gingembre et la pâte d'ail. Faire revenir à feu moyen jusqu'à ce que les oignons soient dorés.
- Ajouter le poulet, la poudre de chili, le curcuma, le cumin moulu et le sucre. Bien mélanger et faire frire pendant 5-6 minutes.
- Ajouter les autres ingrédients. Laisser mijoter 40 minutes et servir chaud.

Poulet grillé

Pour 4 personnes

ingrédients

Sel au goût

1 cuillère à soupe de vinaigre de malt

1 cuillère à café de poivre noir moulu

1 cuillère à café de pâte de gingembre

1 cuillère à café de pâte d'ail

2 cuillères à café de garam masala

1 kg de poulet coupé en 8 morceaux

2 cuillères à soupe de beurre clarifié

2 gros oignons, tranchés

2 tomates, hachées finement

Méthode

- Mélanger le sel, le vinaigre, le poivre, la pâte de gingembre, la pâte d'ail et le garam masala. Faire mariner le poulet dans ce mélange pendant une heure.
- Faites chauffer le ghee dans une casserole. Ajouter les oignons et faire revenir à feu moyen jusqu'à ce qu'ils soient dorés.
- Ajouter les tomates et le poulet mariné. Bien mélanger et faire revenir pendant 4-5 minutes.
- Retirer du feu et griller le mélange pendant 40 minutes. Servir chaud.

Canard rôti au poivre

Pour 4 personnes

ingrédients

2 cuillères à soupe de vinaigre de malt

1 1/2 cuillères à café de pâte de gingembre

1 cuillère à café de pâte d'ail

Sel au goût

1 cuillère à café de poivre noir moulu

1 kg de canard

2 cuillères à soupe de beurre

2 cuillères à soupe d'huile végétale raffinée

3 gros oignons, finement tranchés

4 tomates, hachées finement

1 cuillère à café de sucre

500 ml / 16 fl oz d'eau

Méthode

- Mélanger le vinaigre, la pâte de gingembre, la pâte d'ail, le sel et le poivre. Piquez le canard à la fourchette et faites-le mariner dans ce mélange pendant 1 heure.
- Faire chauffer le beurre et l'huile ensemble dans une casserole. Ajouter les oignons et les tomates. Frire à feu moyen pendant 3-4 minutes. Ajouter le canard, le sucre et l'eau. Bien mélanger et laisser mijoter 45 minutes. Servir chaud.

Poulet Bhuna

(Poulet cuit au Yaourt)

Pour 4 personnes

ingrédients

4 cuillères à soupe d'huile végétale raffinée

1 kg de poulet coupé en 12 morceaux

1 cuillère à café de pâte de gingembre

1 cuillère à café de pâte d'ail

½ cuillère à café de curcuma

2 gros oignons, hachés finement

1½ cuillère à café de garam masala

1 cuillère à café de poivre noir fraîchement moulu

150 g de yaourt battu

Sel au goût

Méthode

- Chauffer l'huile dans une casserole. Ajouter le poulet et faire sauter à feu moyen pendant 6-7 minutes. Égoutter et réserver.
- Dans la même huile, ajouter la pâte de gingembre, la pâte d'ail, le curcuma et les oignons. Faire revenir à feu moyen pendant 2 minutes en remuant fréquemment.
- Ajouter le poulet frit et tous les autres ingrédients. Cuire 40 minutes à feu doux. Servir chaud.

Poulet au curry avec oeuf

Pour 4 personnes

ingrédients

6 gousses d'ail

2,5 cm de racine de gingembre

25 g / 1 oz de noix de coco fraîche râpée

2 cuillères à café de graines de pavot

1 cuillère à café de garam masala

1 cuillère à café de graines de cumin

1 cuillère à soupe de graines de coriandre

1 cuillère à café de curcuma

Sel au goût

4 cuillères à soupe d'huile végétale raffinée

2 gros oignons, hachés finement

1 kg de poulet coupé en 8 morceaux

4 œufs, cuits durs et coupés en deux

Méthode

- Broyez ensemble l'ail, le gingembre, la noix de coco, les graines de pavot, le garam masala, les graines de cumin, les graines de coriandre, le curcuma et le sel. Mettre à part.
- Chauffer l'huile dans une casserole. Ajouter les oignons et les pâtes hachées. Frire à feu moyen pendant 3-4 minutes. Ajouter le poulet et bien mélanger pour enrober.
- Faire bouillir pendant 40 minutes. Garnir avec les œufs et servir chaud.

Poulet Frit Aux Épices

Pour 4 personnes

ingrédients

1 kg de poulet coupé en 8 morceaux

250 ml / 8 fl oz d'huile végétale raffinée

Pour la marinade :

1½ cuillère à café de coriandre moulue

4 gousses de cardamome verte

7,5 cm / 3 pouces de cannelle

½ cuillère à café de graines de fenouil

1 cuillère à soupe de garam masala

4-6 gousses d'ail

2,5 cm de racine de gingembre

1 gros oignon, râpé

1 grosse tomate, en purée

Sel au goût

Méthode
- Broyer tous les ingrédients de la marinade ensemble. Faire mariner le poulet dans ce mélange pendant 30 minutes.
- Cuire le poulet mariné dans une casserole à feu moyen pendant 30 minutes en remuant de temps en temps.
- Faire chauffer l'huile et faire frire le poulet cuit pendant 5-6 minutes. Servir chaud.

Goa Komdi

(Curry de Poulet de Goa)

Pour 4 personnes

ingrédients

1 kg de poulet coupé en 8 morceaux

Sel au goût

½ cuillère à café de curcuma

6 piments rouges

5 clous de girofle

5 cm de cannelle

1 cuillère à soupe de graines de coriandre

½ cuillère à café de graines de fenugrec

½ cuillère à café de graines de moutarde

4 cuillères à soupe d'huile

1 cuillère à soupe de pâte de tamarin

500 ml / 16 fl oz de lait de coco

Méthode

- Faire mariner le poulet dans le sel et le curcuma pendant 1 heure. Mettre à part.
- Broyez les piments, les clous de girofle, la cannelle, les graines de coriandre, les graines de fenugrec et les graines de moutarde avec suffisamment d'eau pour former une pâte.
- Chauffer l'huile dans une casserole. Faites frire les pâtes pendant 4 minutes. Ajouter le poulet, la pâte de tamarin et le lait de coco. Laisser mijoter 40 minutes et servir chaud.

Curry de poulet du sud

Pour 4 personnes

ingrédients

16 noix de cajou

6 piments rouges

2 cuillères à soupe de graines de coriandre

½ cuillère à café de graines de cumin

1 cuillère à soupe de jus de citron

5 cuillères à soupe de beurre clarifié

3 gros oignons, hachés finement

10 gousses d'ail, finement hachées

2,5 cm de racine de gingembre finement haché

1 kg de poulet coupé en 12 morceaux

1 cuillère à café de curcuma

Sel au goût

500 ml / 16 fl oz de lait de coco

Méthode

- Broyez les noix de cajou, les piments rouges, les graines de coriandre, les graines de cumin et le jus de citron avec suffisamment d'eau pour former une pâte lisse. Mettre à part.
- Faites chauffer le ghee. Ajouter les oignons, l'ail et le gingembre. Frire pendant 2 minutes.
- Ajouter le poulet, le curcuma, le sel et la pâte de noix de cajou. Frire pendant 5 minutes. Ajouter le lait de coco et laisser mijoter 40 minutes. Servir chaud.

Poulet Nizami

(Poulet Cuit au Safran et aux Amandes)

Pour 4 personnes

ingrédients

4 cuillères à soupe d'huile végétale raffinée

1 gros poulet, coupé en 8 morceaux

Sel au goût

750 ml / 1¼ pinte de lait

½ cuillère à café de safran trempé dans 2 cuillères à café de lait

Pour le mélange d'épices :

1 cuillère à soupe de pâte de gingembre

3 cuillères à soupe de graines de pavot

5 piments rouges

25 g / 1 oz de noix de coco séchée

20 amandes

6 cuillères à soupe de lait

Méthode

- Broyer les ingrédients du mélange d'épices ensemble pour former une pâte lisse.
- Chauffer l'huile dans une casserole. Faire revenir les pâtes à feu doux pendant 4 minutes.
- Ajouter le poulet, le sel et le lait. Laisser mijoter 40 minutes en remuant souvent. Ajouter le safran et laisser mijoter encore 5 minutes. Servir chaud.

Canard de Buffad

(Canard cuit avec légumes)

Pour 4 personnes

ingrédients

4 cuillères à soupe de beurre clarifié

3 gros oignons, coupés en quartiers

750g / 1lb 10oz canard, coupé en 8 morceaux

3 grosses pommes de terre, coupées en quartiers

50 g de chou haché

200 g de petits pois surgelés

1 cuillère à café de curcuma

4 piments verts, coupés dans le sens de la longueur

1 cuillère à café de cannelle en poudre

1 cuillère à café de clous de girofle moulus

30 g de feuilles de menthe finement hachées

Sel au goût

750 ml / 1¼ pinte d'eau

1 cuillère à soupe de vinaigre de malt

Méthode

- Faites chauffer le ghee dans une casserole. Ajouter les oignons et faire revenir à feu moyen jusqu'à ce qu'ils soient dorés. Ajouter le canard et faire revenir 5-6 minutes.
- Ajouter les autres ingrédients sauf l'eau et le vinaigre. Frire pendant 8 minutes. Ajouter l'eau et le vinaigre. Faire bouillir pendant 40 minutes. Servir chaud.

Adraki Murgh

(Poulet au gingembre)

Pour 4 personnes

ingrédients

- 2 cuillères à soupe d'huile végétale raffinée
- 2 gros oignons, hachés finement
- 2 cuillères à soupe de pâte de gingembre
- ½ cuillère à café de pâte d'ail
- ½ cuillère à café de curcuma
- 1 cuillère à soupe de garam masala
- 1 tomate, hachée finement
- 1 kg de poulet coupé en 12 morceaux
- Sel au goût

Méthode

- Chauffer l'huile dans une casserole. Ajouter les oignons, la pâte de gingembre et la pâte d'ail et faire revenir à feu moyen pendant 1-2 minutes.
- Ajouter tous les autres ingrédients et faire sauter pendant 5-6 minutes.
- Faire griller le mélange pendant 40 minutes et servir chaud.

Bharva Murgh

(Poulet farci)

Pour 4 personnes

ingrédients

½ cuillère à café de pâte de gingembre

½ cuillère à café de pâte d'ail

1 cuillère à café de pâte de tamarin

1 kg de poulet

75 g de beurre clarifié

2 gros oignons, hachés finement

Sel au goût

3 grosses pommes de terre, hachées

2 cuillères à café de coriandre moulue

1 cuillère à café de cumin moulu

1 cuillère à café de moutarde en poudre

50 g de feuilles de coriandre hachées

2 clous de girofle

2,5 cm de cannelle

Méthode

- Incorporer les pâtes de gingembre, d'ail et de tamarin. Faire mariner le poulet dans le mélange pendant 3 heures. Mettre à part.
- Faites chauffer le ghee dans une casserole et faites revenir les oignons jusqu'à ce qu'ils soient dorés. Ajouter tous les ingrédients restants sauf le poulet mariné. Frire pendant 6 minutes.
- Versez ce mélange dans le poulet mariné. Cuire au four à 190°C (375°F, Gas Mark 5) pendant 45 minutes. Servir chaud.

Malaïdar Murgh

(Poulet cuit dans une sauce crémeuse)

Pour 4 personnes

ingrédients

4 cuillères à soupe d'huile végétale raffinée

2 gros oignons, hachés finement

¼ cuillère à café de clous de girofle moulus

Sel au goût

1 kg de poulet coupé en 12 morceaux

250 ml / 8 fl oz d'eau

3 tomates, hachées finement

125 g de yaourt battu

500ml / 16fl oz de crème liquide

2 cuillères à soupe de noix de cajou, moulues

10 g de feuilles de coriandre hachées

Méthode

- Chauffer l'huile dans une casserole. Ajouter les oignons, les clous de girofle et le sel. Frire à feu moyen pendant 3 minutes. Ajouter le poulet et faire sauter pendant 7-8 minutes.
- Ajouter l'eau et les tomates. Cuire pendant 30 minutes.
- Ajouter le yaourt, la crème et les noix de cajou. Faire bouillir pendant 10 minutes.
- Garnir de feuilles de coriandre et servir chaud.

Curry de poulet de Bombay

Pour 4 personnes

ingrédients

8 cuillères à soupe d'huile végétale raffinée

1 kg de poulet coupé en 12 morceaux

2 gros oignons, tranchés

1 cuillère à café de pâte de gingembre

1 cuillère à café de pâte d'ail

4 clous de girofle, moulus

1 pouce de cannelle, moulue

1 cuillère à café de cumin moulu

Sel au goût

2 tomates, hachées finement

500 ml / 16 fl oz d'eau

Méthode

- Faire chauffer la moitié de l'huile dans une poêle antiadhésive. Ajouter le poulet et faire revenir à feu moyen pendant 5-6 minutes. Mettre à part.
- Faire chauffer le reste d'huile dans une casserole. Ajouter les oignons, la pâte de gingembre et la pâte d'ail et faire revenir à feu moyen jusqu'à ce que les oignons soient dorés. Ajouter le reste des ingrédients sauf l'eau et le poulet. Faire sauter pendant 5-6 minutes.
- Ajouter le poulet frit et l'eau. Laisser mijoter 30 minutes et servir chaud.

Poulet Durbari

(poulet sauce riche)

Pour 4 personnes

ingrédients

150 g de chana dhal*

Sel au goût

1 litre / 1¾ pinte d'eau

2,5 cm de racine de gingembre

10 gousses d'ail

4 piments rouges

3 cuillères à soupe de beurre clarifié

2 gros oignons, hachés finement

½ cuillère à café de curcuma

2 cuillères à soupe de garam masala

½ cuillère à soupe de graines de pavot

2 tomates, hachées finement

1 kg de poulet, coupé en 10-12 morceaux

2 cuillères à café de pâte de tamarin

20 noix de cajou, moulues en pâte

250 ml / 8 fl oz d'eau

250 ml / 8 fl oz de lait de coco

Méthode

- Mélanger le dhal avec le sel et la moitié de l'eau. Cuire dans une casserole à feu moyen pendant 45 minutes. Moudre en pâte avec le gingembre, l'ail et les piments rouges.
- Faites chauffer le ghee dans une casserole. Ajouter les oignons, le mélange de dhal et le curcuma. Frire à feu moyen pendant 3-4 minutes. Ajouter tous les autres ingrédients.
- Bien mélanger et laisser mijoter 40 minutes en remuant de temps en temps. Servir chaud.

Alevins de canard

Pour 4 personnes

ingrédients

3 cuillères à soupe de vinaigre de malt

2 cuillères à soupe de coriandre moulue

½ cuillère à café de poivre noir moulu

Sel au goût

1 kg de canard coupé en 8 morceaux

60 ml / 2 fl oz d'huile végétale raffinée

2 petits oignons

1 litre / 1¾ pinte d'eau tiède

Méthode

- Mélanger le vinaigre avec la coriandre moulue, le poivre et le sel. Faire mariner le canard dans ce mélange pendant 1 heure.
- Chauffer l'huile dans une casserole. Faire revenir les oignons à feu moyen jusqu'à ce qu'ils soient dorés.
- Ajouter l'eau, le sel et le canard. Laisser mijoter 45 minutes et servir chaud.

Poulet à l'ail et à la coriandre

Pour 4 personnes

ingrédients

4 cuillères à soupe d'huile végétale raffinée

5 cm de cannelle

3 gousses de cardamome verte

4 clous de girofle

2 feuilles de laurier

3 gros oignons, hachés finement

10 gousses d'ail, finement hachées

1 cuillère à café de pâte de gingembre

3 tomates, hachées finement

1 gros poulet, haché

250 ml / 8 fl oz d'eau

150 g de feuilles de coriandre hachées

Sel au goût

Méthode

- Chauffer l'huile dans une casserole. Ajouter la cannelle, la cardamome, les clous de girofle, les feuilles de laurier, les oignons, l'ail et la pâte de gingembre. Frire pendant 2-3 minutes.
- Ajouter tous les autres ingrédients. Laisser mijoter 40 minutes et servir chaud.

Canard Masala

Pour 4 personnes

ingrédients

30 g de ghee plus 1 cuillère à soupe pour la friture

1 gros oignon, finement tranché

1 cuillère à café de pâte de gingembre

1 cuillère à café de pâte d'ail

1 cuillère à café de coriandre moulue

½ cuillère à café de poivre noir moulu

1 cuillère à café de curcuma

1 kg de canard coupé en 12 morceaux

1 cuillère à soupe de vinaigre de malt

Sel au goût

5 cm de cannelle

3 clous de girofle

1 cuillère à café de graines de moutarde

Méthode

- Faire chauffer 30 g de ghee dans une casserole. Ajouter l'oignon, la pâte de gingembre, la pâte d'ail, la coriandre, le poivre et le curcuma. Frire pendant 6 minutes.
- Ajouter le canard. Frire à feu moyen pendant 5 minutes. Ajouter le vinaigre et le sel. Bien mélanger et laisser mijoter pendant 40 minutes. Mettre à part.
- Faites chauffer le ghee restant dans une casserole et ajoutez la cannelle, les clous de girofle et les graines de moutarde. Laissez-les crépiter pendant 15 secondes. Versez-le sur le mélange de canard et servez chaud.

poulet à la moutarde

Pour 4 personnes

ingrédients

2 grosses tomates, hachées finement

10 g de feuilles de menthe finement hachées

30 g de feuilles de coriandre hachées

2,5 cm/1 pouce racine de gingembre, pelée

8 gousses d'ail

3 cuillères à soupe d'huile de moutarde

2 cuillères à café de graines de moutarde

½ cuillère à café de graines de fenugrec

1 kg de poulet coupé en 12 morceaux

500 ml / 16 fl oz d'eau chaude

Sel au goût

Méthode

- Broyer les tomates, les feuilles de menthe, les feuilles de coriandre, le gingembre et l'ail en une pâte lisse. Mettre à part.
- Chauffer l'huile dans une casserole. Ajouter les graines de moutarde et les graines de fenugrec. Laissez-les crépiter pendant 15 secondes.
- Ajouter la pâte de tomate et faire revenir à feu moyen pendant 2-3 minutes. Ajouter le poulet, l'eau et le sel. Bien mélanger et laisser mijoter pendant 40 minutes. Servir chaud.

Murgh Lassanwallah

(Poulet à l'ail)

Pour 4 personnes

ingrédients

400 g de yaourt

3 cuillères à café de pâte d'ail

1½ cuillère à café de garam masala

Sel au goût

750 g 10 oz de poulet désossé, coupé en 12 morceaux

1 cuillère à soupe d'huile végétale raffinée

1 cuillère à café de graines de cumin

25 g / à peine 1 oz de feuilles d'aneth

500ml de lait

1 cuillère à soupe de poivre noir moulu

Méthode

- Mélanger le yaourt, la pâte d'ail, le garam masala et le sel. Faire mariner le poulet dans ce mélange pendant 10 à 12 heures.
- Chauffer l'huile. Ajoutez les graines de cumin et laissez-les crépiter pendant 15 secondes. Ajouter le poulet mariné et faire revenir à feu moyen pendant 20 minutes.
- Ajouter les feuilles d'aneth, le lait et le poivre. Faire bouillir pendant 15 minutes. Servir chaud.

Chettinad de poulet au poivre

(Poulet au poivre du sud de l'Inde)

Pour 4 personnes

ingrédients

2½ cuillères à soupe d'huile végétale raffinée

10 feuilles de cari

3 gros oignons, hachés finement

1 cuillère à café de pâte de gingembre

1 cuillère à café de pâte d'ail

½ cuillère à café de curcuma

2 tomates, hachées finement

½ cuillère à café de graines de fenouil moulues

¼ cuillère à café de clous de girofle moulus

500 ml / 16 fl oz d'eau

1 kg de poulet coupé en 12 morceaux

Sel au goût

1 1/2 cuillères à café de poivre noir grossièrement moulu

Méthode

- Chauffer l'huile dans une casserole. Ajouter les feuilles de curry, les oignons, la pâte de gingembre et la pâte d'ail. Frire à feu moyen pendant une minute.
- Ajouter tous les autres ingrédients. Laisser mijoter 40 minutes et servir chaud.

Hachis de poulet aux oeufs

Pour 4 personnes

ingrédients

3 cuillères à soupe d'huile végétale raffinée

4 œufs, cuits durs et tranchés

2 gros oignons, hachés finement

2 cuillères à café de pâte de gingembre

2 cuillères à café de pâte d'ail

2 tomates, hachées finement

1 cuillère à café de cumin moulu

2 cuillères à café de coriandre moulue

½ cuillère à café de curcuma

8-10 feuilles de curry

1 cuillère à café de garam masala

750g / 1lb 10oz poulet, haché

Sel au goût

360 ml / 12 fl oz d'eau

Méthode

- Chauffer l'huile dans une casserole. Ajouter les œufs. Faire revenir 2 minutes et réserver.
- Dans la même huile, ajouter les oignons, la pâte de gingembre et la pâte d'ail. Frire à feu moyen pendant 2-3 minutes.
- Ajouter tous les autres ingrédients sauf l'eau. Bien mélanger et faire revenir 5 minutes. Ajouter l'eau. Faire bouillir pendant 30 minutes.
- Garnir avec les œufs. Servir chaud.

Poulet sec

Pour 4 personnes

ingrédients

1 kg de poulet coupé en 12 morceaux

6 cuillères à soupe d'huile végétale raffinée

3 gros oignons, tranchés finement

Pour la marinade :

8 piments rouges

1 cuillère à soupe de graines de sésame

1 cuillère à soupe de graines de coriandre

1 cuillère à café de garam masala

4 gousses de cardamome verte

10 gousses d'ail

3,5 cm de racine de gingembre

6 cuillères à soupe de vinaigre de malt

Sel au goût

Méthode

- Broyer tous les ingrédients de la marinade ensemble pour obtenir une pâte lisse. Faire mariner le poulet dans cette pâte pendant 3 heures.
- Chauffer l'huile dans une casserole. Faire revenir les oignons à feu doux jusqu'à ce qu'ils soient dorés. Ajouter le poulet et cuire 40 minutes en remuant fréquemment. Servir chaud.

Kele ki Bahji

(Curry de banane non mûre)

Pour 4 personnes

ingrédients

- 6 bananes non mûres, pelées et coupées en morceaux de 2,5 cm d'épaisseur
- Sel au goût
- 3 cuillères à soupe d'huile végétale raffinée
- 1 gros oignon, finement tranché
- 2 gousses d'ail, écrasées
- 2-3 piments verts, coupés dans le sens de la longueur
- 1 cm de racine de gingembre
- 1 cuillère à café de curcuma
- ½ cuillère à café de graines de cumin
- ½ noix de coco fraîche, râpée

Méthode

- Faire tremper les bananes dans de l'eau froide et saler pendant une heure. Égoutter et réserver.

- Chauffer l'huile dans une casserole. Ajouter l'oignon, l'ail, les piments verts et le gingembre. Faites-les revenir à feu moyen jusqu'à ce que l'oignon brunisse.

- Ajouter les bananes et le curcuma, le cumin et le sel. Bien mélanger. Couvrir avec un couvercle et laisser mijoter 5-6 minutes.

- Ajouter la noix de coco, remuer légèrement et cuire 2-3 minutes. Servir chaud.

Kathal à la noix de coco

(Jacquier vert à la noix de coco)

Pour 4 personnes

ingrédients

500 g / 1 lb de jacquier non mûr 2 oz*, pelé et haché

500 ml / 16 fl oz d'eau

Sel au goût

100 ml d'huile de moutarde

2 feuilles de laurier

1 cuillère à café de graines de cumin

1 cuillère à café de pâte de gingembre

250 ml / 8 fl oz de lait de coco

Sucre au goût

Pour l'assaisonnement :

75 g de beurre clarifié

1 cm de cannelle

4 gousses de cardamome verte

1 cuillère à café de piment en poudre

2 piments verts, coupés dans le sens de la longueur

Méthode

- Mélanger les morceaux de jacquier avec l'eau et le sel. Cuire ce mélange dans une casserole à feu moyen pendant 30 minutes. Égoutter et réserver.

- Faire chauffer l'huile de moutarde dans une casserole. Ajouter les feuilles de laurier et les graines de cumin. Laissez-les crépiter pendant 15 secondes.

- Ajouter la pâte de jacquier et de gingembre, le lait de coco et le sucre. Cuire 3-4 minutes en remuant constamment. Mettre à part.

- Faire chauffer le ghee dans une poêle antiadhésive. Ajouter les ingrédients de la vinaigrette. Frire pendant 30 secondes.

- Verser ce mélange sur le mélange de jacquier. Servir chaud.

Tranches d'igname épicées

Pour 4 personnes

ingrédients

500 g / 1 lb 2 oz d'igname

1 oignon de taille moyenne

1 cuillère à café de pâte de gingembre

1 cuillère à café de pâte d'ail

1 cuillère à café de piment en poudre

1 cuillère à café de coriandre moulue

4 clous de girofle

1 cm de cannelle

4 gousses de cardamome verte

½ cuillère à café de poivre

50 g de feuilles de coriandre

50 g de feuilles de menthe

Sel au goût

Huile végétale raffinée pour la friture

Méthode

- Pelez les ignames et coupez-les en tranches de 1 cm d'épaisseur. Cuire à la vapeur pendant 5 minutes. Mettre à part.

- Broyer le reste des ingrédients, sauf l'huile, en une pâte lisse.

- Appliquez la pâte des deux côtés des tranches d'igname.

- Faire chauffer l'huile dans une poêle antiadhésive. Ajouter les tranches d'igname. Frire des deux côtés jusqu'à ce qu'ils soient croustillants, en ajoutant un filet d'huile sur les bords. Servir chaud.

Igname Masala

Pour 4 personnes

ingrédients

400 g d'igname pelée et coupée en dés

750 ml / 1¼ pinte d'eau

Sel au goût

3 cuillères à soupe d'huile végétale raffinée

¼ graines de moutarde

2 piments rouges entiers, hachés grossièrement

¼ cuillère à café de curcuma

¼ cuillère à café de cumin moulu

1 cuillère à café de coriandre moulue

3 cuillères à soupe de cacahuètes, hachées grossièrement

Méthode

- Faire bouillir l'igname avec l'eau et le sel dans une casserole pendant 30 minutes. Égoutter et réserver.

- Chauffer l'huile dans une casserole. Ajouter les graines de moutarde et les morceaux de poivron rouge. Laissez-les crépiter pendant 15 secondes.

- Ajouter le reste des ingrédients et l'igname bouillie. Bien mélanger. Laisser mijoter 7-8 minutes. Servir chaud

Betterave Masala

Pour 4 personnes

ingrédients

2 cuillères à soupe d'huile végétale raffinée

3 petits oignons, hachés finement

½ cuillère à café de pâte de gingembre

½ cuillère à café de pâte d'ail

3 piments verts, coupés dans le sens de la longueur

3 betteraves, pelées et hachées

¼ cuillère à café de curcuma

1 cuillère à café de coriandre moulue

¼ cuillère à café de garam masala

Sel au goût

125 g de purée de tomates

1 cuillère à soupe de feuilles de coriandre hachées

Méthode

- Chauffer l'huile dans une casserole. Ajouter les oignons. Faites-les revenir à feu moyen jusqu'à ce qu'ils deviennent translucides.

- Ajouter la pâte de gingembre, la pâte d'ail et les piments verts. Faire sauter à feu doux pendant 2-3 minutes.

- Ajouter les betteraves, le curcuma, la coriandre moulue, le garam masala, le sel et la purée de tomates. Bien mélanger. Cuire 7-8 minutes. Garnir avec les feuilles de coriandre. Servir chaud.

Germes de soja masala

Pour 4 personnes

ingrédients

2 cuillères à soupe d'huile végétale raffinée

3 petits oignons, hachés finement

4 piments verts, hachés finement

1 cm de racine de gingembre coupée en julienne

8 gousses d'ail, écrasées

¼ cuillère à café de curcuma

1 cuillère à café de coriandre moulue

2 tomates, hachées finement

200 g de haricots mungo germés, cuits à la vapeur

Sel au goût

1 cuillère à soupe de feuilles de coriandre hachées

Méthode

- Chauffer l'huile dans une casserole. Ajouter les oignons, les piments verts, le gingembre et l'ail. Faire revenir le mélange à feu moyen jusqu'à ce que les oignons deviennent dorés.

- Ajouter les autres ingrédients, sauf les feuilles de coriandre. Bien mélanger. Cuire le mélange à feu doux pendant 8 à 10 minutes en remuant de temps en temps.

- Garnir avec les feuilles de coriandre. Servir chaud.

Mirch Masala

(poivron vert piquant)

Pour 4 personnes

ingrédients

100 g d'épinards finement hachés

10 g de feuilles de fenugrec, finement hachées

25 g de feuilles de coriandre rares, finement hachées

3 piments verts, coupés dans le sens de la longueur

60ml d'eau

3½ cuillères à soupe d'huile végétale raffinée

2 cuillères à soupe de besan*

1 grosse pomme de terre, bouillie et écrasée

¼ cuillère à café de curcuma

2 cuillères à café de coriandre moulue

½ cuillère à café de piment en poudre

Sel au goût

8 petits poivrons verts, épépinés et épépinés

1 gros oignon, haché finement

2 tomates, hachées finement

Méthode

- Mélanger les épinards, le fenugrec, les feuilles de coriandre et les piments avec l'eau. Faites cuire le mélange à la vapeur pendant 15 minutes. Égoutter et broyer ce mélange en une pâte.

- Faire chauffer la moitié de l'huile dans une casserole. Ajouter le besan, la pomme de terre, le curcuma, la coriandre moulue, la poudre de piment, le sel et la pâte d'épinards. Bien mélanger. Faites frire ce mélange à feu moyen pendant 3-4 minutes. Retirer du feu.

- Farcir ce mélange dans les poivrons verts.

- Faire chauffer ½ cuillère à soupe d'huile dans une poêle antiadhésive. Ajouter les poivrons farcis. Faites-les revenir à feu moyen pendant 7 à 8 minutes en les retournant de temps en temps. Mettre à part.

- Faire chauffer le reste d'huile dans une casserole. Ajouter l'oignon. Faites-le revenir à feu moyen jusqu'à ce qu'il devienne brun. Ajouter les tomates farcies frites et les poivrons. Bien mélanger. Couvrir avec un couvercle et laisser mijoter 4-5 minutes. Servir chaud.

tomate kadhi

(Tomate en Gramme de Farine)

Pour 4 personnes

ingrédients

2 cuillères à soupe de besan*

120 ml d'eau

3 cuillères à soupe d'huile végétale raffinée

½ cuillère à café de graines de moutarde

½ cuillère à café de graines de fenugrec

½ cuillère à café de graines de cumin

2 piments verts coupés dans le sens de la longueur

8 feuilles de cari

1 cuillère à café de piment en poudre

2 cuillères à café de sucre

150 g de mélange de légumes surgelés

Sel au goût

8 tomates, blanchies et réduites en purée

2 cuillères à soupe de feuilles de coriandre finement hachées

Méthode

- Mélanger le besan avec de l'eau pour former une pâte lisse. Mettre à part.

- Chauffer l'huile dans une casserole. Ajouter la moutarde, les graines de fenugrec et de cumin, les piments verts, les feuilles de curry, la poudre de piment et le sucre. Laissez-les crépiter pendant 30 secondes.

- Ajouter les légumes et le sel. Faites frire le mélange à feu moyen pendant une minute.

- Ajouter la purée de tomates. Bien mélanger. Cuire le mélange à feu doux pendant 5 minutes.

- Ajouter la pâte de besan. Cuire encore 3-4 minutes.

- Garnir le kadhi avec les feuilles de coriandre. Servir chaud.

Kolhapuri aux légumes

(Légumes mélangés épicés)

Pour 4 personnes

ingrédients

200 g de mélange de légumes surgelés

125 g de petits pois surgelés

500 ml / 16 fl oz d'eau

2 piments rouges

2,5 cm de racine de gingembre

8 gousses d'ail

2 piments verts

50 g de feuilles de coriandre finement hachées

3 cuillères à soupe d'huile végétale raffinée

3 petits oignons, hachés finement

3 tomates, hachées finement

¼ cuillère à café de curcuma

¼ cuillère à café de coriandre moulue

Sel au goût

Méthode

- Mélanger les légumes et les petits pois avec l'eau. Cuire le mélange dans une casserole à feu moyen pendant 10 minutes. Mettre à part.

- Broyez ensemble les piments rouges, le gingembre, l'ail, les piments verts et les feuilles de coriandre en une pâte fine.

- Faire chauffer l'huile dans une poêle antiadhésive. Ajouter la pâte piment-gingembre moulue et les oignons. Faire revenir le mélange à feu moyen pendant 2 minutes.

- Ajouter les tomates, le curcuma, la coriandre moulue et le sel. Faites frire ce mélange pendant 2-3 minutes en remuant de temps en temps.

- Ajouter les légumes cuits. Bien mélanger. Couvrez avec un couvercle et faites cuire le mélange à feu doux pendant 5-6 minutes en remuant à intervalles réguliers.

- Servir chaud.

Undhiyu

(Légumes mélangés gujarati avec des boulettes)

Pour 4 personnes

ingrédients

2 grosses pommes de terre, épluchées

250 g de fèves dans leur cosse

1 banane non mûre, pelée

20 g / ¾ oz d'igname pelée

2 petites aubergines

60 g de noix de coco fraîche, râpée

8 gousses d'ail

2 piments verts

2,5 cm de racine de gingembre

100 g de feuilles de coriandre finement hachées

Sel au goût

60 ml / 2 fl oz d'huile végétale raffinée plus un supplément pour la friture

Pincée d'asafoetida

½ cuillère à café de graines de moutarde

250 ml / 8 fl oz d'eau

Pour les Muthies :

60g / 2oz de Besan*

25 g / 1 once de feuilles de fenugrec fraîches, finement hachées

½ cuillère à café de pâte de gingembre

2 piments verts, hachés finement

Méthode

- Coupez les pommes de terre, les haricots, la banane, l'igname et l'aubergine en dés. Mettre à part.
- Broyer la noix de coco, l'ail, les piments verts, le gingembre et les feuilles de coriandre ensemble en une pâte. Mélanger cette pâte avec les légumes coupés en dés et le sel. Mettre à part.
- Mélanger tous les ingrédients muthia ensemble. Pétrir le mélange jusqu'à obtenir une pâte compacte. Diviser la pâte en boules de la taille d'une noix.
- Faire chauffer l'huile pour la friture dans une poêle anti-adhésive. Ajouter les muthies. Faites-les revenir à feu moyen jusqu'à ce qu'ils soient dorés. Égoutter et réserver.
- Faire chauffer le reste d'huile dans une casserole. Ajouter l'asafoetida et les graines de moutarde. Laissez-les crépiter pendant 15 secondes.
- Ajouter l'eau, le mutie et le mélange de légumes. Bien mélanger. Couvrir avec un couvercle et laisser mijoter 20 minutes en remuant à intervalles réguliers. Servir chaud.

Curry de kefta à la banane

Pour 4 personnes

ingrédients
Pour les kefta :

2 bananes non mûres, bouillies et pelées

2 grosses pommes de terre, bouillies et pelées

3 piments verts, hachés finement

1 gros oignon, haché finement

1 cuillère à soupe de feuilles de coriandre finement hachées

1 cuillère à soupe de besan*

½ cuillère à café de piment en poudre

Sel au goût

Beurre clarifié pour la friture

Pour le cari :

75 g de beurre clarifié

1 gros oignon, haché finement

10 gousses d'ail, écrasées

1 cuillère à soupe de coriandre moulue

1 cuillère à café de garam masala

2 tomates, hachées finement

3 feuilles de cari

Sel au goût

250 ml / 8 fl oz d'eau

½ cuillère à soupe de feuilles de coriandre finement hachées

Méthode

- Écrasez les bananes et les pommes de terre ensemble.
- Mélanger avec le reste des ingrédients de la kefta, à l'exception du ghee. Pétrir ce mélange jusqu'à obtenir une pâte compacte. Divisez la pâte en boules de la taille d'une noix pour faire des koftas.
- Faire chauffer le ghee pour la friture dans une poêle antiadhésive. Ajouter les koftas. Faites-les revenir à feu moyen jusqu'à ce qu'ils soient dorés. Égoutter et réserver.
- Pour le curry, faire chauffer le ghee dans une casserole. Ajoutez l'oignon et l'ail. Faire revenir à feu moyen jusqu'à ce que l'oignon devienne translucide. Ajouter la coriandre moulue et le garam masala. Frire pendant 2-3 minutes.
- Ajouter les tomates, les feuilles de curry, le sel et l'eau. Bien mélanger. Faire bouillir le mélange pendant 15 minutes en remuant de temps en temps.
- Ajouter les koftas frits. Couvrir avec un couvercle et continuer à mijoter pendant 2-3 minutes.
- Garnir avec les feuilles de coriandre. Servir chaud.

Courge amère à l'oignon

Pour 4 personnes

ingrédients

Courges amères 500g / 1lb 2oz*

Sel au goût

750 ml / 1¼ pinte d'eau

4 cuillères à soupe d'huile végétale raffinée

½ cuillère à café de graines de cumin

½ cuillère à café de graines de moutarde

Pincée d'asafoetida

½ cuillère à café de pâte de gingembre

½ cuillère à café de pâte d'ail

2 gros oignons, hachés finement

½ cuillère à café de curcuma

1 cuillère à café de piment en poudre

1 cuillère à café de cumin moulu

1 cuillère à café de coriandre moulue

1 cuillère à café de sucre

Jus de 1 citron

1 cuillère à soupe de feuilles de coriandre finement hachées

Méthode

- Pelez les courges amères et coupez-les en fines rondelles. Jetez les graines.
- Faites-les cuire avec le sel et l'eau dans une casserole à feu moyen pendant 5 à 7 minutes. Retirer du feu, égoutter et essorer l'eau, réserver.
- Chauffer l'huile dans une casserole. Ajouter le cumin et les graines de moutarde. Laissez-les crépiter pendant 15 secondes.
- Ajouter l'asafoetida, la pâte de gingembre et la pâte d'ail. Faites frire le mélange à feu moyen pendant une minute.
- Ajouter les oignons. Faites-les frire pendant 2-3 minutes.
- Ajouter le curcuma, la poudre de chili, le cumin moulu et la coriandre moulue. Bien mélanger.
- Ajouter la courge amère, le sucre et le jus de citron. Bien mélanger. Couvrez avec un couvercle et faites cuire le mélange à feu doux pendant 6-7 minutes en remuant à intervalles réguliers.
- Garnir avec les feuilles de coriandre. Servir chaud.

Sukha Khatta Chana

(Pois chiches aigres secs)

Pour 4 personnes

ingrédients

4 grains de poivre noir

2 clous de girofle

2,5 cm de cannelle

½ cuillère à café de graines de coriandre

½ cuillère à café de graines de cumin noir

½ cuillère à café de graines de cumin

500 g de pois chiches, trempés une nuit

Sel au goût

1 litre / 1¾ pinte d'eau

1 cuillère à soupe de graines de grenade séchées

Sel au goût

1 cm de racine de gingembre finement hachée

1 poivron vert, émincé

2 cuillères à café de pâte de tamarin

2 cuillères à soupe de beurre clarifié

1 petite pomme de terre, coupée en dés

1 tomate, hachée finement

Méthode

- Pour le mélange d'épices, broyer les grains de poivre, les clous de girofle, la cannelle, la coriandre, les graines de cumin noir et les graines de cumin ensemble en une poudre fine. Mettre à part.
- Mélanger les pois chiches avec le sel et l'eau. Cuire ce mélange dans une casserole à feu moyen pendant 45 minutes. Mettre à part.
- Faire griller à sec les graines de grenade dans une poêle à feu moyen pendant 2-3 minutes. Retirer du feu et réduire en poudre. Mélangez avec le sel et faites à nouveau cuire le mélange à sec pendant 5 minutes. Transférer dans une casserole.
- Ajouter le gingembre, le piment vert et la pâte de tamarin. Cuire ce mélange à feu moyen pendant 4-5 minutes. Ajouter le mélange d'épices moulues. Mélangez bien et mettez de côté.
- Faites chauffer le ghee dans une autre casserole. Ajouter les pommes de terre. Faites-les revenir à feu moyen jusqu'à ce qu'ils soient dorés.
- Ajouter les pommes de terre frites aux pois chiches cuits. Ajouter également le mélange d'épices au tamarin moulu.
- Bien mélanger et laisser mijoter 5-6 minutes.

Bharwan Karela

(gourde amère farcie)

Pour 4 personnes

ingrédients

500g / 1lb 2oz Petites courges amères*

Sel au goût

1 cuillère à café de curcuma

Huile végétale raffinée pour la friture

Pour la farce :

5-6 piments verts

2,5 cm de racine de gingembre

12 gousses d'ail

3 petits oignons

1 cuillère à soupe d'huile végétale raffinée

4 grosses pommes de terre bouillies et écrasées

½ cuillère à café de curcuma

½ cuillère à café de piment en poudre

1 cuillère à café de cumin moulu

1 cuillère à café de coriandre moulue

Pincée d'asafoetida

Sel au goût

Méthode

- Pelez les courges amères. Coupez-les soigneusement dans le sens de la longueur, en gardant les bases intactes. Retirez les pépins et la pulpe et jetez-les. Frottez le sel et le curcuma sur les coquilles extérieures. Mettez-les de côté pendant 4-5 heures.
- Pour la garniture, broyer les piments, le gingembre, l'ail et les oignons ensemble pour obtenir une pâte. Mettre à part.
- Faites chauffer 1 cuillère à soupe d'huile dans une poêle antiadhésive. Ajouter l'oignon, le gingembre et la pâte d'ail. Faites-le revenir à feu moyen pendant 2-3 minutes.
- Ajouter le reste des ingrédients pour la garniture. Bien mélanger. Faites frire le mélange à feu moyen pendant 3-4 minutes.
- Retirer du feu et laisser refroidir le mélange. Farcir ce mélange dans les citrouilles. Attachez chaque citrouille avec de la ficelle pour que la garniture ne tombe pas pendant la cuisson.
- Faire chauffer l'huile pour la friture dans une poêle. Ajouter les potirons farcis. Faites-les frire à feu moyen jusqu'à ce qu'ils soient dorés et croustillants, en les retournant souvent.
- Faites fondre les courges amères et jetez les ficelles. Servir chaud.

Curry de kefta au chou

(Quenelles de choux en sauce)

Pour 4 personnes

ingrédients

1 gros chou, râpé

250g / 9oz de besan*

Sel au goût

Huile végétale raffinée pour la friture

2 cuillères à soupe de feuilles de coriandre, pour la garniture

Pour la sauce:

3 cuillères à soupe d'huile végétale raffinée

3 feuilles de laurier

1 cardamome noire

1 cm de cannelle

1 clou de girofle

1 gros oignon, haché

2,5 cm de racine de gingembre coupée en julienne

3 tomates, hachées finement

1 cuillère à café de coriandre moulue

1 cuillère à café de cumin moulu

Sel au goût

250 ml / 8 fl oz d'eau

Méthode

- Pétrir le chou, la besan et le sel ensemble pour former une pâte molle. Diviser la pâte en boules de la taille d'une noix.
- Faire chauffer l'huile dans une poêle antiadhésive. Ajouter les boules. Faites-les revenir à feu moyen jusqu'à ce qu'ils soient dorés. Égoutter et réserver.
- Pour la sauce, faire chauffer l'huile dans une casserole. Ajouter les feuilles de laurier, la cardamome, la cannelle et le clou de girofle. Laissez-les crépiter pendant 30 secondes.
- Ajouter l'oignon et le gingembre. Faire revenir ce mélange à feu moyen jusqu'à ce que l'oignon devienne translucide.
- Ajouter les tomates, la coriandre moulue et le cumin moulu. Bien mélanger. Frire pendant 2-3 minutes.
- Ajouter le sel et l'eau. Remuer pendant une minute. Couvrir avec un couvercle et laisser mijoter 5 minutes.
- Découvrir la poêle et ajouter les boules de kefta. Laisser mijoter encore 5 minutes en remuant de temps en temps.
- Garnir avec les feuilles de coriandre. Servir chaud.

Gojju à l'ananas

(Compote d'ananas épicée)

Pour 4 personnes

ingrédients

3 cuillères à soupe d'huile végétale raffinée

250 ml / 8 fl oz d'eau

1 cuillère à café de graines de moutarde

6 feuilles de curry, écrasées

Pincée d'asafoetida

½ cuillère à café de curcuma

Sel au goût

400 g d'ananas, haché

Pour le mélange d'épices :

4 cuillères à soupe de noix de coco fraîche, râpée

3 piments verts

2 piments rouges

½ cuillère à café de graines de fenouil

½ cuillère à café de graines de fenugrec

1 cuillère à café de graines de cumin

2 cuillères à café de graines de coriandre

1 bouquet de feuilles de coriandre

1 clou de girofle

2-3 grains de poivre

Méthode

- Mélanger tous les ingrédients du mélange d'épices ensemble.
- Faire chauffer 1 cuillère à soupe d'huile dans une casserole. Ajouter le mélange d'épices. Faites-le revenir à feu moyen pendant 1 à 2 minutes en remuant souvent. Retirer du feu et broyer avec la moitié de l'eau jusqu'à obtenir une pâte lisse. Mettre à part.
- Faire chauffer le reste d'huile dans une casserole. Ajouter les graines de moutarde et les feuilles de curry. Laissez-les crépiter pendant 15 secondes.
- Ajouter l'asafoetida, le curcuma et le sel. Frire pendant une minute.
- Ajouter l'ananas, la pâte d'épices et le reste de l'eau. Bien mélanger. Couvrir avec un couvercle et laisser mijoter pendant 8 à 12 minutes. Servir chaud.

Gojju courge amère

(Compote de courge amère épicée)

Pour 4 personnes

ingrédients

Sel au goût

4 grandes courges amères*, pelé, coupé dans le sens de la longueur, épépiné et tranché

6 cuillères à soupe d'huile végétale raffinée

1 cuillère à café de graines de moutarde

8-10 feuilles de curry

1 gros oignon, râpé

3-4 gousses d'ail, écrasées

2 cuillères à café de piment en poudre

1 cuillère à café de cumin moulu

½ cuillère à café de curcuma

1 cuillère à café de coriandre moulue

2 cuillères à café de poudre de sambhar*

2 cuillères à café de noix de coco fraîche, râpée

1 cuillère à café de graines de fenugrec, grillées à sec et moulues

2 cuillères à café de graines de sésame blanches, grillées à sec et moulues

2 cuillères à soupe de jaggery*, dissous

½ cuillère à café de pâte de tamarin

250 ml / 8 fl oz d'eau

Pincée d'asafoetida

Méthode

- Frottez le sel sur les tranches de courge amère. Mettez-les dans un bol et fermez-le avec du papier d'aluminium. Laisser reposer 30 minutes. Essorez l'excès d'humidité.
- Faire chauffer la moitié de l'huile dans une casserole. Ajouter les courges amères. Faites-les revenir à feu moyen jusqu'à ce qu'ils soient dorés. Mettre à part.
- Faire chauffer le reste d'huile dans une autre casserole. Ajouter les graines de moutarde et les feuilles de curry. Laissez-les crépiter pendant 15 secondes.
- Ajoutez l'oignon et l'ail. Faire revenir ce mélange à feu moyen jusqu'à ce que l'oignon brunisse.
- Ajouter la poudre de piment, le cumin moulu, le curcuma, la coriandre moulue, la poudre de sambhar et la noix de coco. Frire pendant 2-3 minutes.
- Ajouter le reste des ingrédients, sauf l'eau et l'asafoetida. Frire encore une minute.
- Ajouter les courges amères frites, un peu de sel et l'eau. Bien mélanger. Couvrir avec un couvercle et laisser mijoter 12 à 15 minutes.
- Ajouter l'asafoetida. Bien mélanger. Servir chaud.

Baingan Mirchi ka Salan

(Aubergines et Piment)

Pour 4 personnes

ingrédients

6 poivrons verts entiers

4 cuillères à soupe d'huile végétale raffinée

600g / 1lb 5oz petites aubergines, coupées en quartiers

4 piments verts

1 cuillère à café de graines de sésame

10 noix de cajou

20-25 cacahuètes

5 grains de poivre noir

¼ cuillère à café de graines de fenugrec

¼ cuillère à café de graines de moutarde

1 cuillère à café de pâte de gingembre

1 cuillère à café de pâte d'ail

1 cuillère à café de coriandre moulue

1 cuillère à café de cumin moulu

½ cuillère à café de curcuma

125 g de yaourt

2 cuillères à café de pâte de tamarin

3 piments rouges entiers

Sel au goût

1 litre / 1¾ pinte d'eau

Méthode

- Retirez les graines et coupez les poivrons verts en longues lanières.
- Faire chauffer 1 cuillère à soupe d'huile dans une casserole. Ajouter les poivrons verts et les faire revenir à feu moyen pendant 1-2 minutes. Mettre à part.
- Faire chauffer 2 cuillères à soupe d'huile dans une autre casserole. Ajouter les aubergines et les piments verts. Faire sauter à feu moyen pendant 2-3 minutes. Mettre à part.
- Faites chauffer une poêle et faites cuire à sec les graines de sésame, les noix de cajou, les cacahuètes et les grains de poivre à feu moyen pendant 1 à 2 minutes. Retirer du feu et hacher grossièrement le mélange.
- Faire chauffer le reste d'huile dans une casserole. Ajouter les graines de fenugrec, les graines de moutarde, la pâte de gingembre, la pâte d'ail, la coriandre moulue, le cumin moulu, le curcuma et le mélange de noix de cajou et de graines de sésame. Frire à feu moyen pendant 2-3 minutes.
- Ajouter les poivrons verts sautés, les aubergines sautées et tous les ingrédients restants. Faire bouillir pendant 10-12 minutes.
- Servir chaud.

Poulet aux verts

Pour 4 personnes

ingrédients

750 g de poulet de 10 oz, coupé en 8 morceaux

50 g d'épinards finement hachés

25 g / 1 once de feuilles de fenugrec fraîches, finement hachées

100 g de feuilles de coriandre finement hachées

50 g de feuilles de menthe finement hachées

6 piments verts, hachés finement

120ml / 4fl oz d'huile végétale raffinée

2-3 gros oignons, finement tranchés

Sel au goût

Méthode

- Mélanger tous les ingrédients de la marinade ensemble. Faire mariner le poulet dans ce mélange pendant une heure.
- Broyez les épinards, les feuilles de fenugrec, les feuilles de coriandre et les feuilles de menthe avec les piments verts pour obtenir une pâte lisse. Mélanger cette pâte avec le poulet mariné. Mettre à part.

- Chauffer l'huile dans une casserole. Ajouter les oignons. Faites-les revenir à feu moyen jusqu'à ce qu'ils brunissent.
- Ajouter le mélange de poulet et le sel. Bien mélanger. Couvrir avec un couvercle et cuire à feu doux pendant 40 minutes en remuant de temps en temps. Servir chaud.

Pour la marinade :

1 cuillère à café de garam masala

1 cuillère à café de coriandre moulue

1 cuillère à café de cumin moulu

200 g de yaourt

¼ cuillère à café de curcuma

1 cuillère à café de piment en poudre

1 cuillère à café de pâte de gingembre

1 cuillère à café de pâte d'ail

Poulet Tikka Masala

Pour 4 personnes

ingrédients

200 g de yaourt

½ cuillère à soupe de pâte de gingembre

½ cuillère à soupe de pâte d'ail

Une pointe de colorant alimentaire orange

2 cuillères à soupe d'huile végétale raffinée

500 g / 1 lb 2 oz de poulet désossé, coupé en petits morceaux

1 cuillère à soupe de beurre

6 tomates, hachées finement

2 gros oignons

½ cuillère à café de pâte de gingembre

½ cuillère à café de pâte d'ail

½ cuillère à café de curcuma

1 cuillère à soupe de garam masala

1 cuillère à café de piment en poudre

Sel au goût

1 cuillère à soupe de feuilles de coriandre finement hachées

Méthode

- Pour le tikka, mélangez le yaourt, la pâte de gingembre, la pâte d'ail, le colorant alimentaire et 1 cuillère à soupe d'huile. Faire mariner le poulet dans ce mélange pendant 5 heures.
- Griller le poulet mariné pendant 10 minutes. Mettre à part.
- Faire chauffer le beurre dans une casserole. Ajouter les tomates. Faites-les revenir à feu moyen pendant 3-4 minutes. Retirer du feu et mixer jusqu'à obtenir une pâte lisse. Mettre à part.
- Broyer l'oignon en une pâte lisse.
- Faire chauffer le reste d'huile dans une casserole. Ajouter la pâte d'oignon. Faites-le revenir à feu moyen jusqu'à ce qu'il devienne brun.
- Ajouter la pâte de gingembre et la pâte d'ail. Frire pendant une minute.
- Ajouter le curcuma, le garam masala, la poudre de piment et la pâte de tomate. Bien mélanger. Agiter le mélange pendant 3-4 minutes.
- Ajouter le sel et le poulet grillé. Remuer doucement jusqu'à ce que la sauce nappe le poulet.
- Garnir avec les feuilles de coriandre. Servir chaud.

Poulet farci épicé dans une sauce riche

Pour 4 personnes

ingrédients

½ cuillère à café de piment en poudre

½ cuillère à café de garam masala

4 cuillères à café de pâte de gingembre

4 cuillères à café de pâte d'ail

Sel au goût

8 poitrines de poulet, écrasées

4 gros oignons, hachés finement

5 cm de racine de gingembre finement hachée

5 piments verts, hachés finement

200 g/7 oz de koï*

2 cuillères à soupe de jus de citron

50 g de feuilles de coriandre finement hachées

15 noix de cajou

5 cuillères à café de noix de coco séchée

30 g d'amandes effilées

1 cuillère à café de safran trempé dans 1 cuillère à soupe de lait

150 g de beurre clarifié

200 g de yaourt battu

Méthode

- Mélanger la poudre de piment, le garam masala, la moitié de la pâte de gingembre, la moitié de la pâte d'ail et un peu de sel. Faire mariner les poitrines de poulet dans ce mélange pendant 2 heures.
- Mélanger la moitié des oignons avec le gingembre haché, les piments verts, le khoya, le jus de citron, le sel et la moitié des feuilles de coriandre. Diviser ce mélange en 8 portions égales.
- Placer chaque portion à l'extrémité étroite de chaque poitrine de poulet et rouler vers l'intérieur pour sceller la poitrine. Mettre à part.
- Préchauffer le four à 400°F (200°C, Gas Mark 6). Placer les poitrines de poulet farcies dans une rôtissoire graissée et les faire rôtir pendant 15 à 20 minutes jusqu'à ce qu'elles soient dorées. Mettre à part.
- Broyer les noix de cajou et la noix de coco ensemble jusqu'à obtenir une pâte lisse. Mettre à part.
- Tremper les amandes dans le mélange de lait au safran. Mettre à part.
- Faites chauffer le ghee dans une casserole. Ajouter les oignons restants. Faites-les revenir à feu moyen jusqu'à ce qu'ils deviennent translucides. Ajouter la pâte de gingembre restante et la pâte d'ail. Faites frire le mélange pendant une minute.
- Ajouter la pâte de noix de cajou-coco. Frire pendant une minute. Ajouter le yaourt et la poitrine de poulet rôtie. Bien mélanger. Laisser mijoter 5 à 6 minutes en remuant souvent. Ajouter le mélange amandes-safran.

Mélanger délicatement. Faire bouillir pendant 5 minutes.

- Garnir avec les feuilles de coriandre. Servir chaud.

Masala au poulet épicé

Pour 4 personnes

ingrédients

6 piments rouges séchés entiers

2 cuillères à soupe de graines de coriandre

6 gousses de cardamome verte

6 clous de girofle

5 cm de cannelle

2 cuillères à café de graines de fenouil

½ cuillère à café de grains de poivre noir

120ml / 4fl oz d'huile végétale raffinée

2 gros oignons, tranchés

1 cm de racine de gingembre râpée

8 gousses d'ail, écrasées

2 grosses tomates, hachées finement

3-4 feuilles de laurier

1 kg de poulet coupé en 12 morceaux

½ cuillère à café de curcuma

Sel au goût

500 ml / 16 fl oz d'eau

100 g de feuilles de coriandre finement hachées

Méthode

- Mélanger les piments rouges, les graines de coriandre, la cardamome, les clous de girofle, la cannelle, les graines de fenouil et les grains de poivre.
- Rôtir à sec le mélange et le réduire en poudre. Mettre à part.
- Chauffer l'huile dans une casserole. Ajouter les oignons. Faites-les revenir à feu moyen jusqu'à ce qu'ils brunissent.
- Ajouter le gingembre et l'ail. Frire pendant une minute.
- Ajouter les tomates, les feuilles de laurier et la poudre de piment rouge broyée et les graines de coriandre. Continuer à faire frire pendant 2-3 minutes.
- Ajouter le poulet, le curcuma, le sel et l'eau. Bien mélanger. Couvrir avec un couvercle et laisser mijoter 40 minutes en remuant à intervalles réguliers.
- Garnir le poulet avec les feuilles de coriandre. Servir chaud.

Poulet du Cachemire

Pour 4 personnes

ingrédients

2 cuillères à soupe de vinaigre de malt

2 cuillères à café de flocons de piment

2 cuillères à café de graines de moutarde

2 cuillères à café de graines de cumin

½ cuillère à café de grains de poivre noir

7,5 cm / 3 pouces de cannelle

10 clous de girofle

75 g de beurre clarifié

1 kg de poulet coupé en 12 morceaux

1 cuillère à soupe d'huile végétale raffinée

4 feuilles de laurier

4 oignons de taille moyenne, hachés finement

1 cuillère à soupe de pâte de gingembre

1 cuillère à soupe de pâte d'ail

3 tomates, hachées finement

1 cuillère à café de curcuma

500 ml / 16 fl oz d'eau

Sel au goût

20 noix de cajou, moulues

6 filaments de safran trempés dans le jus d'1 citron

Méthode

- Mélanger le vinaigre de malt avec les flocons de piment rouge, les graines de moutarde, les graines de cumin, les grains de poivre, la cannelle et les clous de girofle. Broyer ce mélange en une pâte lisse. Mettre à part.
- Faites chauffer le ghee dans une casserole. Ajouter les morceaux de poulet et les faire revenir à feu moyen jusqu'à ce qu'ils soient dorés. Égoutter et réserver.
- Chauffer l'huile dans une casserole. Ajouter les feuilles de laurier et les oignons. Faire revenir ce mélange à feu moyen jusqu'à ce que les oignons brunissent.
- Ajouter la pâte de vinaigre. Bien mélanger et laisser mijoter 7-8 minutes.
- Ajouter la pâte de gingembre et la pâte d'ail. Faites frire ce mélange pendant une minute.
- Ajouter les tomates et le curcuma. Bien mélanger et cuire à feu moyen pendant 2-3 minutes.
- Ajouter le poulet frit, l'eau et le sel. Bien mélanger pour enrober le poulet. Couvrir avec un couvercle et laisser mijoter 30 minutes en remuant de temps en temps.
- Ajouter les noix de cajou et le safran. Continuer à mijoter pendant 5 minutes. Servir chaud.

Poulet au rhum

Pour 4 personnes

ingrédients

1 cuillère à café de garam masala

1 cuillère à café de piment en poudre

1 kg de poulet coupé en 8 morceaux

6 gousses d'ail

4 grains de poivre noir

4 clous de girofle

½ cuillère à café de graines de cumin

2,5 cm de cannelle

50 g de noix de coco fraîche râpée

4 amandes

1 gousse de cardamome verte

1 cuillère à soupe de graines de coriandre

300 ml / 10 fl oz d'eau

75 g de beurre clarifié

3 gros oignons, hachés finement

Sel au goût

½ cuillère à café de safran

120ml / 4fl oz de rhum brun

1 cuillère à soupe de feuilles de coriandre finement hachées

Méthode

- Mélanger le garam masala et la poudre de piment. Faire mariner le poulet dans ce mélange pendant 2 heures.
- Faire griller à sec l'ail, les grains de poivre, les clous de girofle, les graines de cumin, la cannelle, la noix de coco, les amandes, la cardamome et les graines de coriandre.
- Broyer avec 60 ml d'eau pour obtenir une pâte lisse. Mettre à part.
- Faites chauffer le ghee dans une casserole. Ajouter les oignons et les faire revenir à feu moyen jusqu'à ce qu'ils soient translucides.
- Ajouter la pâte d'ail et les grains de poivre. Bien mélanger. Frire le mélange pendant 3-4 minutes.
- Ajouter le poulet mariné et saler. Bien mélanger. Continuez à faire frire pendant 3-4 minutes en remuant de temps en temps.
- Ajouter 240 ml d'eau. Mélanger délicatement. Couvrez avec un couvercle et laissez cuire à feu doux pendant 40 minutes en remuant à intervalles réguliers.
- Ajouter le safran et le rhum. Bien mélanger et continuer à mijoter pendant 10 minutes.
- Garnir avec les feuilles de coriandre. Servir chaud.

Shahjahani au poulet

(Poulet Sauce Piquante)

Pour 4 personnes

ingrédients

5 cuillères à soupe d'huile végétale raffinée

2 feuilles de laurier

5 cm de cannelle

6 gousses de cardamome verte

½ cuillère à café de graines de cumin

8 clous de girofle

3 gros oignons, hachés finement

1 cuillère à café de curcuma

1 cuillère à café de piment en poudre

1 cuillère à café de pâte de gingembre

1 cuillère à café de pâte d'ail

Sel au goût

75 g de noix de cajou moulues

150 g de yaourt battu

1 kg de poulet coupé en 8 morceaux

2 cuillères à soupe de crème liquide

¼ cuillère à café de cardamome noire moulue

10 g de feuilles de coriandre finement hachées

Méthode

- Chauffer l'huile dans une casserole. Ajouter les feuilles de laurier, la cannelle, la cardamome, les graines de cumin et les clous de girofle. Laissez-les crépiter pendant 15 secondes.
- Ajouter les oignons, le curcuma et la poudre de chili. Faire revenir le mélange à feu moyen pendant 1-2 minutes.
- Ajouter la pâte de gingembre et la pâte d'ail. Frire pendant 2-3 minutes en remuant constamment.
- Ajouter le sel et les noix de cajou moulues. Bien mélanger et faire frire encore une minute.
- Ajouter le yaourt et le poulet. Remuer doucement jusqu'à ce que le mélange enrobe les morceaux de poulet.
- Couvrez avec un couvercle et faites cuire le mélange à feu doux pendant 40 minutes en remuant fréquemment.
- Découvrir la casserole et ajouter la crème et la cardamome moulue. Remuer doucement pendant 5 minutes.
- Garnir le poulet avec les feuilles de coriandre. Servir chaud.

Poulet de Pâques

Pour 4 personnes

ingrédients

1 cuillère à café de jus de citron

1 cuillère à café de pâte de gingembre

1 cuillère à café de pâte d'ail

Sel au goût

1 kg de poulet coupé en 8 morceaux

2 cuillères à soupe de graines de coriandre

12 gousses d'ail

2,5 cm de racine de gingembre

1 cuillère à café de graines de cumin

8 piments rouges

4 clous de girofle

2,5 cm de cannelle

1 cuillère à café de curcuma

1 litre / 1¾ pinte d'eau

4 cuillères à soupe d'huile végétale raffinée

3 gros oignons, hachés finement

4 piments verts, coupés dans le sens de la longueur

3 tomates, hachées finement

1 cuillère à café de pâte de tamarin

2 grosses pommes de terre, coupées en quartiers

Méthode

- Mélanger le jus de citron, la pâte de gingembre, la pâte d'ail et le sel. Faire mariner les morceaux de poulet dans ce mélange pendant 2 heures.
- Mélanger les graines de coriandre, l'ail, le gingembre, les graines de cumin, les piments rouges, les clous de girofle, la cannelle et le curcuma.
- Broyer ce mélange avec la moitié de l'eau pour obtenir une pâte lisse. Mettre à part.
- Chauffer l'huile dans une casserole. Ajouter les oignons. Faites-les revenir à feu moyen jusqu'à ce qu'ils deviennent translucides.
- Ajouter les piments verts et la pâte de graines de coriandre-ail. Frire ce mélange pendant 3-4 minutes.
- Ajouter les tomates et la pâte de tamarin. Continuer à faire frire pendant 2-3 minutes.
- Ajouter le poulet mariné, les pommes de terre et le reste d'eau. Bien mélanger. Couvrir avec un couvercle et laisser mijoter 40 minutes en remuant à intervalles réguliers.
- Servir chaud.

Canard épicé aux pommes de terre

Pour 4 personnes

ingrédients

1 cuillère à café de coriandre moulue

2 cuillères à café de piment en poudre

¼ cuillère à café de curcuma

5 cm de cannelle

6 clous de girofle

4 gousses de cardamome verte

1 cuillère à café de graines de fenouil

60 ml / 2 fl oz d'huile végétale raffinée

4 gros oignons, tranchés finement

5 cm de racine de gingembre émincé

8 gousses d'ail

6 piments verts, coupés dans le sens de la longueur

3 grosses pommes de terre, coupées en quartiers

1 kg de canard, coupé en 8-10 morceaux

2 cuillères à café de vinaigre de malt

750 ml / 1¼ pinte de lait de coco

Sel au goût

1 cuillère à café de beurre clarifié

1 cuillère à café de graines de moutarde

2 échalotes, tranchées

8 feuilles de cari

Méthode

- Mélanger la coriandre, la poudre de chili, le curcuma, la cannelle, les clous de girofle, la cardamome et les graines de fenouil. Broyer ce mélange en poudre. Mettre à part.
- Chauffer l'huile dans une casserole. Ajouter les oignons, le gingembre, l'ail et les piments verts. Frire à feu moyen pendant 2-3 minutes.
- Ajouter le mélange d'épices en poudre. Faire sauter pendant 2 minutes.
- Ajouter les pommes de terre. Continuez à faire frire pendant 3-4 minutes.
- Ajouter le canard, le vinaigre de malt, le lait de coco et le sel. Remuer pendant 5 minutes. Couvrez avec un couvercle et faites cuire le mélange à feu doux pendant 40 minutes en remuant fréquemment. Une fois le canard cuit, retirer du feu et réserver.
- Faites chauffer le ghee dans une petite casserole. Ajouter les graines de moutarde, les échalotes et les feuilles de curry. Faire sauter à feu vif pendant 30 secondes.
- Versez-le sur le canard. Bien mélanger. Servir chaud.

Moilé de canard

(Curry de canard simple)

Pour 4 personnes

ingrédients

1 kg de canard coupé en 12 morceaux

Sel au goût

1 cuillère à soupe de coriandre moulue

1 cuillère à café de cumin moulu

6 grains de poivre noir

4 clous de girofle

2 gousses de cardamome verte

2,5 cm de cannelle

120ml / 4fl oz d'huile végétale raffinée

3 gros oignons, hachés finement

5 cm de racine de gingembre finement tranchée

3 piments verts, hachés finement

½ cuillère à café de sucre

2 cuillères à soupe de vinaigre de malt

360 ml / 12 fl oz d'eau

Méthode

- Faire mariner les morceaux de canard dans le sel pendant une heure.
- Mélanger la coriandre moulue, le cumin moulu, les grains de poivre, les clous de girofle, la cardamome et la cannelle. Cuire à sec ce mélange dans une poêle à feu moyen pendant 1-2 minutes.
- Retirer du feu et réduire en poudre fine. Mettre à part.
- Chauffer l'huile dans une casserole. Ajouter les morceaux de canard marinés. Faites-les revenir à feu moyen jusqu'à ce qu'ils brunissent. Retournez-les de temps en temps pour vous assurer qu'ils ne brûlent pas. Égoutter et réserver.
- Faire chauffer la même huile et ajouter les oignons. Faites-les revenir à feu moyen jusqu'à ce qu'ils brunissent.
- Ajouter le gingembre et les piments verts. Continuer à faire frire pendant 1-2 minutes.
- Ajouter le sucre, le vinaigre de malt et la poudre de coriandre-cumin. Remuer pendant 2-3 minutes.
- Ajouter les morceaux de canard frits avec l'eau. Bien mélanger. Couvrir avec un couvercle et laisser mijoter pendant 40 minutes en remuant de temps en temps.
- Servir chaud.

Bharwa Murgh Kaju

(Poulet farci aux noix de cajou)

Pour 4 personnes

ingrédients

3 cuillères à café de pâte de gingembre

3 cuillères à café de pâte d'ail

10 noix de cajou, moulues

1 cuillère à café de piment en poudre

1 cuillère à café de garam masala

Sel au goût

8 poitrines de poulet, écrasées

4 gros oignons, hachés finement

200 g/7 oz de koï*

6 piments verts, hachés finement

25 g / à peine 1 oz de feuilles de menthe, finement hachées

25 g de feuilles de coriandre rares, finement hachées

2 cuillères à soupe de jus de citron

75 g de beurre clarifié

75 g de noix de cajou moulues

400 g de yaourt battu

2 cuillères à café de garam masala

2 cuillères à café de safran, trempées dans 2 cuillères à soupe de lait chaud

Sel au goût

Méthode

- Mélanger la moitié de la pâte de gingembre et la moitié de la pâte d'ail avec les noix de cajou moulues, la poudre de piment, le garam masala et un peu de sel.
- Faire mariner les poitrines de poulet dans ce mélange pendant 30 minutes.
- Mélanger la moitié des oignons avec le khoya, les piments verts, les feuilles de menthe, les feuilles de coriandre et le jus de citron. Diviser ce mélange en 8 portions égales.
- Étalez une poitrine de poulet marinée. Déposer dessus une portion du mélange oignon-khoya. Rouler comme un wrap.
- Répétez l'opération pour le reste des poitrines de poulet.
- Graissez une plaque à pâtisserie et placez les poitrines de poulet farcies à l'intérieur, extrémités libres vers le bas.
- Rôtir le poulet au four à 200°C (400°F, Gas Mark 6) pendant 20 minutes. Mettre à part.

- Faites chauffer le ghee dans une casserole. Ajouter les oignons restants. Faites-les revenir à feu moyen jusqu'à ce qu'ils deviennent translucides.

- Ajouter la pâte de gingembre restante et la pâte d'ail. Faire frire le mélange pendant 1-2 minutes.
- Ajouter les noix de cajou moulues, le yaourt et le garam masala. Remuer pendant 1-2 minutes.
- Ajouter les wraps au poulet rôti, le mélange de safran et un peu de sel. Bien mélanger. Couvrir avec un couvercle et laisser mijoter 15 à 20 minutes. Servir chaud.

Poulet Masala Yaourt

Pour 4 personnes

ingrédients

1 kg de poulet coupé en 12 morceaux

7,5 cm de racine de gingembre râpée

10 gousses d'ail, écrasées

½ cuillère à café de piment en poudre

½ cuillère à café de garam masala

½ cuillère à café de curcuma

2 piments verts

Sel au goût

200 g de yaourt

½ cuillère à café de graines de cumin

1 cuillère à café de graines de coriandre

4 clous de girofle

4 grains de poivre noir

2,5 cm de cannelle

4 gousses de cardamome verte

6-8 amandes

5 cuillères à soupe de beurre clarifié

4 oignons de taille moyenne, hachés finement

250 ml / 8 fl oz d'eau

1 cuillère à soupe de feuilles de coriandre finement hachées

Méthode

- Piquer les morceaux de poulet avec une fourchette. Mettre à part.
- Mélanger la moitié du gingembre et de l'ail avec la poudre de piment, le garam masala, le curcuma, les piments verts et le sel. Broyer ce mélange en une pâte lisse. Fouetter les pâtes avec le yaourt.
- Faire mariner le poulet dans ce mélange pendant 4-5 heures. Mettre à part.
- Faites chauffer une casserole. Faire griller à sec les graines de cumin, les graines de coriandre, les clous de girofle, les grains de poivre, la cannelle, la cardamome et les amandes. Mettre à part.
- Faites chauffer 4 cuillères à soupe de ghee dans une casserole à fond épais. Ajouter les oignons. Faites-les revenir à feu moyen jusqu'à ce qu'ils deviennent translucides.
- Ajouter le gingembre et l'ail restants. Frire pendant 1-2 minutes.
- Retirer du feu et broyer ce mélange avec le mélange cumin-coriandre rôti à sec en une pâte lisse.

- Faites chauffer le ghee restant dans une casserole. Ajouter les pâtes et les faire revenir à feu moyen pendant 2-3 minutes.
- Ajouter le poulet mariné et faire sauter encore 3-4 minutes.
- Ajouter l'eau. Remuer doucement pendant une minute. Couvrir avec un couvercle et laisser mijoter 30 minutes en remuant à intervalles réguliers.
- Garnir de feuilles de coriandre et servir chaud.

Poulet Dhansak

(Poulet cuit façon Parsi)

Pour 4 personnes

ingrédients

75g / 2½oz toor dhal*

75g / 2½ oz dhal mungo*

75 g de masoor dhal*

75 g de chana dhal*

1 petite aubergine, hachée finement

25 g de potiron finement haché

Sel au goût

1 litre / 1¾ pinte d'eau

8 grains de poivre noir

6 clous de girofle

2,5 cm de cannelle

Masse pincée

2 feuilles de laurier

1 anis étoilé

3 piments rouges séchés

2 cuillères à soupe d'huile végétale raffinée

50 g de feuilles de coriandre finement hachées

50 g de feuilles de fenugrec fraîches, finement hachées

50 g de feuilles de menthe finement hachées

750 g 10 oz de poulet désossé, coupé en 12 morceaux

1 cuillère à café de curcuma

¼ cuillère à café de muscade râpée

1 cuillère à soupe de pâte d'ail

1 cuillère à soupe de pâte de gingembre

1 cuillère à soupe de pâte de tamarin

Méthode

- Mélanger le dhal avec l'aubergine, le potiron, le sel et la moitié de l'eau. Cuire ce mélange dans une casserole à feu moyen pendant 45 minutes.
- Retirer du feu et réduire ce mélange en une pâte lisse. Mettre à part.
- Mélangez les grains de poivre, les clous de girofle, la cannelle, le macis, les feuilles de laurier, l'anis étoilé et les piments rouges. Faire griller à sec le mélange à feu moyen pendant 2-3 minutes. Retirer du feu et réduire en poudre fine. Mettre à part.
- Chauffer l'huile dans une casserole. Ajouter la coriandre, le fenugrec et les feuilles de menthe. Faites-les revenir à feu moyen pendant 1 à 2 minutes. Retirer du feu et réduire en pâte. Mettre à part.
- Mélanger le poulet avec le curcuma, la noix de muscade, la pâte d'ail, la pâte de gingembre, la pâte de

dhal et l'eau restante. Cuire ce mélange dans une casserole à feu moyen pendant 30 minutes en remuant de temps en temps.
- Ajouter la pâte de coriandre, le fenugrec et les feuilles de menthe. Cuire 2-3 minutes.
- Ajouter la poudre de clou de girofle et la pâte de tamarin. Bien mélanger. Remuez le mélange à feu doux pendant 8 à 10 minutes.
- Servir chaud.

Chatpata au poulet

(Poulet épicé)

Pour 4 personnes

ingrédients

500g / 1lb 2oz poulet désossé, coupé en petits morceaux

2 cuillères à soupe d'huile végétale raffinée

150 g de bouquets de chou-fleur

200 g de champignons, tranchés

1 grosse carotte, tranchée

1 gros poivron vert, épépiné et haché

Sel au goût

½ cuillère à café de poivre noir moulu

10-15 feuilles de curry

5 piments verts, hachés finement

5 cm de racine de gingembre finement hachée

10 gousses d'ail, finement hachées

4 cuillères à soupe de purée de tomates

4 cuillères à soupe de feuilles de coriandre finement hachées

Pour la marinade :

125 g de yaourt

1 1/2 cuillères à soupe de pâte de gingembre

1 1/2 cuillères à soupe de pâte d'ail

1 cuillère à café de piment en poudre

1 cuillère à café de garam masala

Sel au goût

Méthode

- Mélanger tous les ingrédients de la marinade ensemble.
- Faire mariner le poulet dans ce mélange pendant 1 heure.
- Faites chauffer une demi-cuillère à soupe d'huile dans une casserole. Ajouter le chou-fleur, les champignons, la carotte, le poivron vert, le sel et le poivre noir moulu. Bien mélanger. Faites frire le mélange à feu moyen pendant 3-4 minutes. Mettre à part.
- Faire chauffer le reste d'huile dans une autre casserole. Ajouter les feuilles de curry et les piments verts. Faites-les revenir à feu moyen pendant une minute.
- Ajouter le gingembre et l'ail. Frire encore une minute.
- Ajouter le poulet mariné et les légumes sautés. Frire pendant 4-5 minutes.
- Ajouter la purée de tomates. Bien mélanger. Couvrez avec un couvercle et faites cuire le mélange à feu doux pendant 40 minutes en remuant de temps en temps.
- Garnir avec les feuilles de coriandre. Servir chaud.

Masala de canard au lait de coco

Pour 4 personnes

ingrédients

1 kg de canard coupé en 12 morceaux

Huile végétale raffinée pour la friture

3 grosses pommes de terre, hachées

750 ml / 1¼ pinte d'eau

4 cuillères à café d'huile de noix de coco

1 gros oignon, finement tranché

100 g de lait de coco

Pour le mélange d'épices :

2 cuillères à café de coriandre moulue

½ cuillère à café de curcuma

1 cuillère à café de poivre noir moulu

¼ cuillère à café de graines de cumin

¼ cuillère à café de graines de cumin noir

2,5 cm de cannelle

9 clous de girofle

2 gousses de cardamome verte

8 gousses d'ail

2,5 cm de racine de gingembre

1 cuillère à café de vinaigre de malt

Sel au goût

Méthode

- Mélanger les ingrédients du mélange d'épices ensemble et broyer en une pâte lisse.
- Faire mariner le canard dans cette pâte pendant 2-3 heures.
- Chauffer l'huile dans une casserole. Ajouter les pommes de terre et les faire revenir à feu moyen jusqu'à ce qu'elles soient dorées. Égoutter et réserver.
- Faire chauffer l'eau dans une casserole. Ajouter les morceaux de canard marinés et laisser mijoter 40 minutes en remuant de temps en temps. Mettre à part.
- Faire chauffer l'huile de coco dans une poêle antiadhésive. Ajouter l'oignon et faire revenir à feu moyen jusqu'à ce qu'il soit doré.
- Ajouter le lait de coco. Cuire le mélange pendant 2 minutes en remuant fréquemment.
- Retirer du feu et ajouter ce mélange au canard bouilli. Bien mélanger et laisser mijoter 5 à 10 minutes.
- Garnir avec les frites. Servir chaud.

Poulet Dil Bahar

(Poulet crémeux)

Pour 4 personnes

ingrédients

- 4-5 cuillères à soupe d'huile végétale raffinée
- 2 feuilles de laurier
- 5 cm de cannelle
- 3 gousses de cardamome verte
- 4 clous de girofle
- 2 gros oignons, hachés finement
- 1 cuillère à café de pâte de gingembre
- 1 cuillère à café de pâte d'ail
- 2 cuillères à café de cumin moulu
- 2 cuillères à café de coriandre moulue

- ½ cuillère à café de curcuma
- 4 piments verts, coupés dans le sens de la longueur
- 750 g 10 oz de poulet désossé, coupé en 16 morceaux
- 50 g d'oignons nouveaux hachés finement
- 1 gros poivron vert, haché finement

1 cuillère à café de garam masala

Sel au goût

150 g de purée de tomates

125 g de yaourt

250 ml / 8 fl oz d'eau

2 cuillères à soupe de beurre

85 g de noix de cajou

500 ml de lait concentré

250ml / 8fl oz de crème liquide

1 cuillère à soupe de feuilles de coriandre finement hachées

Méthode

- Chauffer l'huile dans une casserole. Ajouter les feuilles de laurier, la cannelle, la cardamome et les clous de girofle. Laissez-les crépiter pendant 30 secondes.
- Ajouter les oignons, la pâte de gingembre et la pâte d'ail. Faire revenir ce mélange à feu moyen jusqu'à ce que les oignons soient dorés.
- Ajouter le cumin moulu, la coriandre moulue, le curcuma et les piments verts. Faites frire le mélange pendant 2-3 minutes.
- Ajouter les morceaux de poulet. Bien mélanger. Faites-les revenir 5 minutes.
- Ajouter les oignons nouveaux, le poivron vert, le garam masala et le sel. Continuez à faire frire pendant 3-4 minutes.
- Ajouter la purée de tomates, le yaourt et l'eau. Bien mélanger et couvrir avec un couvercle. Laisser mijoter

le mélange pendant 30 minutes en remuant de temps en temps.
- Pendant que le mélange de poulet cuit, chauffer le beurre dans une autre casserole. Ajouter les noix de cajou et les faire revenir à feu moyen jusqu'à ce qu'elles soient bien dorées. Mettre à part.
- Ajouter le lait concentré et la crème au mélange de poulet. Bien mélanger et continuer à mijoter pendant 5 minutes.
- Ajouter le beurre avec les noix de cajou frites et bien mélanger pendant 2 minutes.
- Garnir avec les feuilles de coriandre. Servir chaud.

Dum ka Murgh

(Poulet mijoté)

Pour 4 personnes

ingrédients

- 4 cuillères à soupe d'huile végétale raffinée plus un supplément pour la friture
- 3 gros oignons, tranchés
- 10 amandes
- 10 noix de cajou
- 1 cuillère à soupe de noix de coco séchée
- 1 cuillère à café de pâte de gingembre
- 1 cuillère à café de pâte d'ail
- ½ cuillère à café de curcuma
- 1 cuillère à café de piment en poudre
- Sel au goût
- 200 g de yaourt
- 1 kg / 2¼ lb de poulet, haché finement
- 1 cuillère à soupe de feuilles de coriandre, hachées grossièrement
- 1 cuillère à soupe de feuilles de menthe, hachées grossièrement
- ½ cuillère à café de safran

Méthode

- Faire chauffer l'huile pour la friture. Ajouter les oignons et les faire revenir à feu moyen jusqu'à ce qu'ils soient dorés. Égoutter et réserver.
- Mélanger les amandes, les noix de cajou et la noix de coco. Rôtir à sec le mélange. Broyer avec suffisamment d'eau pour former une pâte lisse.
- Faire chauffer 4 cuillères à soupe d'huile dans une casserole. Ajouter la pâte de gingembre, la pâte d'ail, le curcuma et la poudre de chili. Frire à feu moyen pendant 1-2 minutes.
- Ajouter la pâte d'amandes et de noix de cajou, les oignons frits, le sel et le yaourt. Cuire pendant 4-5 minutes.

- Transférer dans un plat allant au four. Ajouter le poulet, la coriandre et les feuilles de menthe. Bien mélanger.
- Saupoudrer de safran. Sceller avec du papier d'aluminium et couvrir hermétiquement avec un couvercle. Cuire au four à 180°C (350°F, Gas Mark 4) pendant 40 minutes.
- Servir chaud.

Murgh Kheema Masala

(Poulet haché épicé)

Pour 4 personnes

ingrédients

- 60 ml / 2 fl oz d'huile végétale raffinée
- 5 cm de cannelle
- 4 clous de girofle
- 2 gousses de cardamome verte
- ½ cuillère à café de graines de cumin
- 2 gros oignons, hachés finement
- 1 cuillère à café de coriandre moulue
- ½ cuillère à café de cumin moulu
- ½ cuillère à café de curcuma
- 1 cuillère à café de piment en poudre
- 2 cuillères à café de pâte de gingembre
- 3 cuillères à café de pâte d'ail
- 3 tomates, hachées finement
- 200 g de petits pois surgelés
- 1 kg de poulet haché

75 g de noix de cajou moulues

125 g de yaourt

250 ml / 8 fl oz d'eau

Sel au goût

4 cuillères à soupe de crème liquide

25 g de feuilles de coriandre rares, finement hachées

Méthode

- Chauffer l'huile dans une casserole. Ajouter la cannelle, les clous de girofle, la cardamome et les graines de cumin. Laissez-les crépiter pendant 15 secondes.
- Ajouter les oignons, la coriandre moulue, le cumin moulu, le curcuma et la poudre de chili. Frire à feu moyen pendant 1-2 minutes.
- Ajouter la pâte de gingembre et la pâte d'ail. Continuer à frire pendant une minute.
- Ajouter les tomates, les pois et le poulet haché. Bien mélanger. Laisser mijoter ce mélange à feu doux pendant 10 à 15 minutes en remuant de temps en temps.
- Ajouter le yaourt, l'eau et le sel. Bien mélanger. Couvrir avec un couvercle et laisser mijoter pendant 20-25 minutes.
- Garnir de crème et de feuilles de coriandre. Servir chaud.

Poulet Farci Nawabi

Pour 4 personnes

ingrédients

200 g de yaourt

2 cuillères à soupe de jus de citron

½ cuillère à café de curcuma

Sel au goût

1 kg de poulet

100 g de chapelure

Pour la farce :

120ml / 4fl oz d'huile végétale raffinée

1 1/2 cuillères à café de pâte de gingembre

1 ½ cuillère à café de pâte d'ail

2 gros oignons, hachés finement

2 piments verts, hachés finement

½ cuillère à café de piment en poudre

1 gésier de poulet, émincé

1 foie de poulet, émincé

200 g de petits pois

2 carottes, coupées en dés

50 g de feuilles de coriandre finement hachées

2 cuillères à soupe de feuilles de menthe finement hachées

½ cuillère à café de poivre noir moulu

½ cuillère à café de garam masala

20 noix de cajou, hachées

20 raisins secs

Méthode

- Fouettez le yaourt avec le jus de citron, le curcuma et le sel. Faire mariner le poulet dans ce mélange pendant 1 à 2 heures.
- Pour la garniture, faire chauffer l'huile dans une casserole. Ajouter la pâte de gingembre, la pâte d'ail et les oignons et les faire revenir à feu moyen pendant 1-2 minutes.
- Ajouter les piments verts, la poudre de chili, les gésiers de poulet et le foie de poulet. Bien mélanger. Frire pendant 3-4 minutes.
- Ajouter les petits pois, les carottes, les feuilles de coriandre, les feuilles de menthe, le poivre, le garam masala, les noix de cajou et les raisins secs. Remuer pendant 2 minutes. Couvrir avec un couvercle et laisser mijoter 20 minutes en remuant de temps en temps.
- Enlever de la chaleur et mettre de côté pour refroidir.
- Versez ce mélange dans le poulet mariné.
- Rouler le poulet farci dans la chapelure et rôtir dans un four préchauffé à 200°C (400°F, Gas Mark 6) pendant 50 minutes.
- Servir chaud.

Murgh ke Nazaré

(Poulet avec fromage cheddar et paneer)

Pour 4 personnes

ingrédients

Sel au goût

½ cuillère à soupe de pâte de gingembre

½ cuillère à soupe de pâte d'ail

Jus de 1 citron

750 g / 1 lb 10 oz de poulet désossé, écrasé

75g de panir*, râpé

250 g de poulet haché

75 g de fromage cheddar râpé

1 cuillère à café de coriandre moulue

½ cuillère à café de garam masala

½ cuillère à café de curcuma

125g Khoya*

1 cuillère à café de piment en poudre

2 œufs, bouillis et hachés finement

3 tomates, hachées finement

2 piments verts, hachés finement

2 gros oignons, hachés finement

2 cuillères à soupe de feuilles de coriandre hachées

½ cuillère à café de gingembre moulu

Pour la sauce:

4 cuillères à soupe d'huile végétale raffinée

½ cuillère à soupe de pâte de gingembre

½ cuillère à soupe de pâte d'ail

2 gros oignons, émincés

2 piments verts, hachés finement

½ cuillère à café de curcuma

1 cuillère à café de coriandre moulue

½ cuillère à café de poivre blanc moulu

½ cuillère à café de cumin moulu

½ cuillère à café de poudre de gingembre sec

200 g de yaourt

4 noix de cajou, moulues

4 amandes, moulues

125g Khoya*

Méthode

- Mélanger le sel, la pâte de gingembre, la pâte d'ail et le jus de citron. Faire mariner le poulet dans ce mélange pendant 1 heure. Mettre à part.
- Mélanger le paneer avec le poulet haché, le fromage, la coriandre moulue, le garam masala, le curcuma et le khoya.
- Répartir ce mélange sur le poulet mariné. Saupoudrer la poudre de chili, les œufs, les tomates, les piments verts, les oignons, les feuilles de coriandre et la poudre de gingembre. Roulez le poulet comme un wrap et scellez-le en l'attachant fermement avec de la ficelle.
- Cuire au four à 200°C (400°F, Gas Mark 6) pendant 30 minutes. Mettre à part.
- Pour la sauce, faire chauffer l'huile dans une casserole. Ajouter la pâte de gingembre, la pâte d'ail, les oignons et les piments verts. Faites-les revenir à feu moyen pendant 2-3 minutes. Ajouter le reste des ingrédients de la sauce. Cuire 7-8 minutes.
- Coupez le rouleau de poulet en petits morceaux et disposez-le sur une assiette de service. Verser dessus la sauce. Servir chaud.

Murgh Pasanda

(Pépites de poulet épicées)

Pour 4 personnes

ingrédients

1 cuillère à café de curcuma

30 g de feuilles de coriandre hachées

1 cuillère à café de piment en poudre

10 g de feuilles de menthe finement hachées

1 cuillère à café de garam masala

5 cm de papaye crue, moulue

1 cuillère à café de pâte de gingembre

1 cuillère à café de pâte d'ail

Sel au goût

750 g de poitrine de poulet de 10 oz, tranchée finement

6 cuillères à soupe d'huile végétale raffinée

Méthode

- Mélanger tous les ingrédients sauf le poulet et l'huile. Faire mariner les tranches de poulet dans ce mélange pendant 3 heures.
- Faire chauffer l'huile dans une poêle antiadhésive. Ajouter les tranches de poulet marinées et faire revenir à feu moyen jusqu'à ce qu'elles soient dorées, en les retournant de temps en temps. Servir chaud.

Murgh Massala

(poulet masala)

Pour 4 personnes

ingrédients

4 cuillères à soupe d'huile végétale raffinée

2 gros oignons, râpés

1 tomate, hachée finement

Sel au goût

1 kg de poulet coupé en 8 morceaux

360 ml / 12 fl oz d'eau

360 ml / 12 fl oz de lait de coco

Pour le mélange d'épices :

2 cuillères à soupe de garam masala

1 cuillère à café de graines de cumin

1 ½ cuillère à café de graines de pavot

4 piments rouges

½ cuillère à café de curcuma

8 gousses d'ail

2,5 cm de racine de gingembre

Méthode

- Broyer le mélange d'épices avec suffisamment d'eau pour former une pâte lisse. Mettre à part.
- Chauffer l'huile dans une casserole. Ajouter les oignons et faire revenir à feu moyen jusqu'à ce qu'ils soient dorés. Ajouter la pâte de mélange d'épices et faire revenir pendant 5-6 minutes.
- Ajouter la tomate, le sel, le poulet et l'eau. Couvrez avec un couvercle et laissez cuire 20 minutes. Ajouter le lait de coco, bien mélanger et servir chaud.

Bohri au poulet crémeux

(Poulet sauce crémeuse)

Pour 4 personnes

ingrédients

3 gros oignons

2,5 cm de racine de gingembre

8 gousses d'ail

6 piments verts

100 g de feuilles de coriandre finement hachées

3 cuillères à soupe de feuilles de menthe finement hachées

120 ml d'eau

1 kg de poulet coupé en 8 morceaux

2 cuillères à soupe de jus de citron

1 cuillère à café de poivre noir moulu

250ml / 8fl oz de crème liquide

30 g de beurre clarifié

Sel au goût

Méthode

- Mélanger les oignons, le gingembre, l'ail, les piments verts, les feuilles de coriandre et les feuilles de menthe. Broyer ce mélange avec de l'eau pour obtenir une pâte fine.
- Faire mariner le poulet avec la moitié de cette pâte et le jus de citron pendant 1 heure.
- Placer le poulet mariné dans une casserole et verser le reste des pâtes dessus. Saupoudrer le reste des ingrédients sur ce mélange.
- Sceller avec du papier d'aluminium, couvrir hermétiquement avec un couvercle et laisser mijoter pendant 45 minutes. Servir chaud.

Jhatpat Murgh

(Poulet rapide)

Pour 4 personnes

ingrédients

4 cuillères à soupe d'huile végétale raffinée

2 gros oignons, finement tranchés

2 cuillères à café de pâte de gingembre

Sel au goût

1 kg de poulet coupé en 12 morceaux

¼ cuillère à café de safran, dissous dans 2 cuillères à soupe de lait

Méthode

- Chauffer l'huile dans une casserole. Ajouter les oignons et la pâte de gingembre. Faites-les revenir à feu moyen pendant 2 minutes.
- Ajouter le sel et le poulet. Laisser mijoter 30 minutes en remuant souvent. Saupoudrer du mélange au safran. Servir chaud.

Cari vert de poulet

Pour 4 personnes

ingrédients

Sel au goût

Une pincée de curcuma

Jus de 1 citron

1 kg de poulet coupé en 12 morceaux

3,5 cm de racine de gingembre

8 gousses d'ail

100 g de feuilles de coriandre hachées

3 piments verts

4 cuillères à soupe d'huile végétale raffinée

2 gros oignons, râpés

½ cuillère à café de garam masala

250 ml / 8 fl oz d'eau

Méthode

- Mélanger le sel, le curcuma et le jus de citron. Faire mariner le poulet dans ce mélange pendant 30 minutes.
- Broyer le gingembre, l'ail, les feuilles de coriandre et les piments en une pâte lisse.
- Chauffer l'huile dans une casserole. Ajouter les pâtes avec les oignons râpés et faire revenir à feu moyen pendant 2-3 minutes.
- Ajouter le poulet mariné, le garam masala et l'eau. Bien mélanger et laisser mijoter 40 minutes en remuant souvent. Servir chaud.

Murgh Bharta

(poulet mijoté avec oeuf)

Pour 4 personnes

ingrédients

4 cuillères à soupe d'huile végétale raffinée

2 gros oignons, finement tranchés

500g / 1lb 2oz poulet désossé, coupé en dés

1 cuillère à café de garam masala

½ cuillère à café de curcuma

Sel au goût

3 tomates, finement tranchées

30 g de feuilles de coriandre hachées

4 œufs durs, coupés en deux

Méthode

- Chauffer l'huile dans une casserole. Faire revenir les oignons à feu moyen jusqu'à ce qu'ils soient dorés. Ajouter le poulet, le garam masala, le curcuma et le sel. Frire pendant 5 minutes.
- Ajouter les tomates. Bien mélanger et laisser mijoter 30 à 40 minutes. Garnir avec les feuilles de coriandre et les œufs. Servir chaud.

Poulet aux graines d'Ajowan

Pour 4 personnes

ingrédients

3 cuillères à soupe d'huile végétale raffinée

1½ cuillère à café de graines d'ajowan

2 gros oignons, hachés finement

1 cuillère à café de pâte de gingembre

1 cuillère à café de pâte d'ail

4 tomates, hachées finement

2 cuillères à café de coriandre moulue

1 cuillère à café de piment en poudre

1 cuillère à café de curcuma

1 kg de poulet coupé en 8 morceaux

250 ml / 8 fl oz d'eau

Jus de 1 citron

1 cuillère à café de garam masala

Sel au goût

Méthode

- Chauffer l'huile dans une casserole. Ajouter les graines d'ajowan. Laissez-les crépiter pendant 15 secondes.
- Ajouter les oignons et faire revenir à feu moyen jusqu'à ce qu'ils soient dorés. Ajouter la pâte de gingembre, la pâte d'ail et les tomates. Faire revenir 3 minutes en remuant de temps en temps.
- Ajouter tous les autres ingrédients. Bien mélanger et couvrir avec un couvercle. Laisser mijoter 40 minutes et servir chaud.

Tikka de poulet aux épinards

Pour 4 personnes

ingrédients

1 kg de poulet désossé, coupé en 16 morceaux

2 cuillères à soupe de beurre clarifié

1 cuillère à café de chaat masala*

2 cuillères à soupe de jus de citron

Pour la marinade :

100 g d'épinards émincés

50 g de feuilles de coriandre moulues

1 cuillère à café de pâte de gingembre

1 cuillère à café de pâte d'ail

200 g de yaourt

1½ cuillère à café de garam masala

Méthode

- Mélanger tous les ingrédients de la marinade. Faire mariner le poulet dans ce mélange pendant 2 heures.
- Badigeonnez le poulet avec le ghee et faites-le cuire au four à 200°C (400°F, Gas Mark 6) pendant 45 minutes. Arrosez le chaat masala et le jus de citron sur le dessus. Servir chaud.

Poulet Yakhni

(Poulet du Cachemire)

Pour 4 personnes

ingrédients

3 cuillères à soupe d'huile végétale raffinée

1 kg de poulet coupé en 8 morceaux

400 g de yaourt

125g / 4½ oz de Besan*

2 clous de girofle

2,5 cm de cannelle

6 grains de poivre

1 cuillère à café de gingembre moulu

2 cuillères à café de fenouil moulu

Sel au goût

250 ml / 8 fl oz d'eau

50 g de feuilles de coriandre hachées

Méthode

- Faire chauffer la moitié de l'huile dans une poêle antiadhésive. Ajouter les morceaux de poulet et les faire revenir à feu moyen jusqu'à ce qu'ils soient dorés. Mettre à part.
- Fouetter le yaourt avec le besan pour former une pâte épaisse. Mettre à part.
- Faire chauffer le reste d'huile dans une casserole. Ajouter les clous de girofle, la cannelle, les grains de poivre, le gingembre moulu, le fenouil moulu et le sel. Frire pendant 4-5 minutes.
- Ajouter le poulet frit, l'eau et la pâte de yaourt. Bien mélanger et laisser mijoter pendant 40 minutes. Garnir avec les feuilles de coriandre. Servir chaud.

Poulet au piment

Pour 4 personnes

ingrédients

3 cuillères à soupe d'huile végétale raffinée

4 piments verts, hachés finement

1 cuillère à café de pâte de gingembre

1 cuillère à café de pâte d'ail

3 gros oignons, tranchés

250 ml / 8 fl oz d'eau

750 g / 1 lb 10 oz de poulet désossé, haché

2 gros poivrons verts, coupés en julienne

2 cuillères à soupe de sauce soja

30 g de feuilles de coriandre hachées

Sel au goût

Méthode

- Chauffer l'huile dans une casserole. Ajouter les piments verts, la pâte de gingembre, la pâte d'ail et les oignons. Frire à feu moyen pendant 3-4 minutes.
- Ajouter l'eau et le poulet. Faire bouillir pendant 20 minutes.

- Ajouter tous les autres ingrédients et cuire 20 minutes. Servir chaud.

Poulet au poivre

Pour 4 personnes

ingrédients

4 cuillères à soupe d'huile végétale raffinée

3 gros oignons, hachés finement

6 gousses d'ail, finement hachées

1 kg de poulet coupé en 12 morceaux

3 cuillères à café de coriandre moulue

2½ cuillères à café de poivre noir fraîchement moulu

½ cuillère à café de curcuma

Sel au goût

250 ml / 8 fl oz d'eau

Jus de 1 citron

50 g de feuilles de coriandre hachées

Méthode

- Chauffer l'huile dans une casserole. Ajouter les oignons et l'ail et faire revenir à feu moyen jusqu'à ce qu'ils soient dorés.
- Ajouter le poulet. Faire revenir 5 minutes en remuant souvent.
- Ajouter la coriandre moulue, le poivre, le curcuma et le sel. Frire pendant 3-4 minutes.
- Verser l'eau, bien mélanger et couvrir avec un couvercle. Faire bouillir pendant 40 minutes.
- Garnir de jus de citron et de feuilles de coriandre. Servir chaud.

Poulet aux figues

Pour 4 personnes

ingrédients

4 cuillères à soupe d'huile végétale raffinée

2 gros oignons, hachés finement

1 cuillère à café de pâte de gingembre

1 cuillère à café de pâte d'ail

1 kg de poulet coupé en 12 morceaux

250 ml / 8 fl oz d'eau tiède

200 g de purée de tomates

Sel au goût

2 cuillères à café de vinaigre de malt

12 figues sèches, trempées pendant 2 heures

Méthode

- Faire chauffer l'huile dans une poêle antiadhésive. Ajouter les oignons. Faites-les revenir à feu moyen jusqu'à ce qu'ils soient translucides. Ajouter la pâte de gingembre et la pâte d'ail. Frire pendant 2-3 minutes.
- Ajouter le poulet et l'eau. Couvrir avec un couvercle et laisser mijoter 30 minutes.

- Ajouter la purée de tomates, le sel et le vinaigre. Bien mélanger. Égoutter les figues et les ajouter au mélange de poulet. Faire bouillir pendant 8-10 minutes. Servir chaud.

www.ingramcontent.com/pod-product-compliance
Lightning Source LLC
Chambersburg PA
CBHW070400120526
44590CB00014B/1192